HABLEMOS DE ECONOMÍA

Una metodología general para el análisis adecuado
del funcionamiento de la economía

Ghandi Pinedo Reátegui

HABLEMOS DE ECONOMÍA

Una metodología general para el análisis adecuado del funcionamiento de la economía.
Ghandi Pinedo Reátegui
    1ª edición

© Copyright 2020 – Ghandi Pinedo Reátegui

Todos los derechos reservados. Ninguna parte de esta publicación puede reproducirse, almacenarse o introducirse en un sistema de recuperación, ni transmitirse de ninguna forma, por ningún medio, incluidos electrónicos, mecánicos, fotocopias, grabaciones o de otro modo sin permiso previo por escrito del Editor. Cualquier persona que realice un acto no autorizado en relación con esta publicación puede ser objeto de enjuiciamiento penal y demandas civiles por daños y perjuicios causados.

"El pesimista se queja del viento. El optimista espera que cambie. El realista ajusta las velas".

William George Ward

Índice

Introducción	9
Capítulo I: Panorama General De La Economía	13
¿Qué es la Economía?	15
Aspectos metodológicos de la economía	17
Evaluación de la economía de mercado	29
Fallas del mercado	35
Fallas del sector público	38
Capítulo II: Medición Resumida De La Economía	41
La producción en la economía.	44
La renta nacional	49
Economía abierta	52
Otros problemas de medición	59
PBI y Bienestar	60
La función de consumo	63
La distribución de la renta	70

Capítulo III: Marco Regulatorio Del Sector Público Y La Política Económica. La Política Fiscal   79

    La intervención del Sector Público   81

    ¿Por qué crece el déficit fiscal ante un ciclo recesivo?   90

    Déficit público y deuda pública   91

Capítulo IV: El Sector Monetario Y Financiero. Política Monetaria   97

    El dinero   99

      Evolución histórica del dinero   100

    ¿Cómo se emite actualmente el dinero?   105

    El mercado de dinero   107

    Instrumentación de la política monetaria   110

    El sistema financiero   115

    El sistema bancario   118

Capítulo V: El Sector Externo De La Economía   121

    El comercio internacional   123

    La balanza de pagos   128

    La protección arancelaria   135

    El tipo de cambio y los mercados de divisas   138

Capítulo VI: Perturbaciones En La Economía.
La Inflación   143

    La inflación   145

    Efectos de la inflación   151

Capítulo VII: Análisis De La Coyuntura E Información
Económica   159

    El análisis de la coyuntura   161

Capítulo VIII: Una Reflexión Sobre El Dinero Y La Toma
De Deciciones.   165

    El dinero   167

    Costo de Oportunidad.   177

Palabras finales del autor.   185
Bibliografía   187

Introducción

Disponer de conocimientos sistematizados de economía es algo útil para toda persona a lo largo de su vida, pero exige una reactualización constante. No es frecuente, ni siquiera entre los que han cursado estudios económicos, financieros y empresariales, disponer del adiestramiento específico para poder analizar de forma solvente y por uno mismo el funcionamiento de la economía. Es así, que este libro está diseñado específicamente para cubrir esta necesidad.

Este libro va dirigido para todo público en general, comerciantes, jefes de hogar, empresarios, empleados públicos y privados y todo aquel que necesite saber interpretar el funcionamiento de la economía de forma general, dotándoles de conocimientos sólidos para el análisis del entorno económico. Pero antes, dentro del enfoque de partida, es necesario compatibilizar dos vértices contrapuestos y de difícil conciliación.

En primer lugar, disponemos de la ventaja de un bagaje conceptual previo sobre los términos de la economía. Los temas de economía están presentes en nuestra vida cotidiana e incluso llegan a ser agobiantes por los medios de comunicación. Hoy en día, el público dispone de un lenguaje económico con términos que antes estaban reservados solo a los especialistas.

Esto, en principio, es una ventaja importante; sin embargo, como decía Noel Clarasó: "el reparto más equitativo que existe es el de la inteligencia. Todo el mundo cree tener lo suficiente". De acuerdo a ello, podríamos decir que, el reparto más equitativo es el de los conocimientos de economía, todo el mundo cree tener lo suficiente, hasta que llegan a afirmar cosas sin sentido sobre el tema, tomando decisiones en base a ello, conllevándoles a tener problemas en su día a día.

Como es evidente, este bagaje conceptual previo, es a veces equívoco, no es preciso y no ayuda a interpretar el entorno económico, por lo tanto, es necesario un rigor analítico y conceptual, como segundo vértice, que es contrastado en este libro. Es preciso indicar que este libro debe ser tomado como un curso básico sobre economía, por lo tanto, implicará un esfuerzo del lector para compatibilizar estos dos vértices.

Por su parte, el enfoque del libro es el de "mirar la economía" frente a "ver la economía". Mirar la economía es la utilización de conocimientos, instrumentos o de herramientas de análisis que se aplican sobre los datos de la economía, permitiéndonos de forma crítica disponer de criterios de independencia, interpretando de forma solvente los datos.

No se trata simplemente de "ver" los datos, o su equivalente de seguir a los comentaristas, sino de mirarlos proactivamente, buscando la mejor interpretación que se ajuste a la influencia de ese entorno sobre nuestra actividad, bien sea personal o profesional.

El objetivo didáctico básico de este libro es aprender a captar los diferentes estímulos que constantemente nos está emitiendo el entorno económico en forma de cifras, datos e información para poderlo seleccionar, analizar e interpretar, con el fin de incorporarlos a la gestión personal, familiar o profesional. A su vez, el objetivo instrumental es el de disponer de un cuerpo de conocimientos sistemáticos y útiles, con un enfoque pragmático, basado en herramientas de medición del entorno económico que nos permitan el análisis e interpretación de la situación económica con un criterio propio y con solvencia.

Al estudiar la economía hay que atender los escenarios tanto en un mundo global como el actual. Es algo que parece obvio, pero hay distintos grados concéntricos como el mundo de la empresa, la economía local, la economía nacional y el ámbito global, que están en una intersección. No nos damos cuenta de que cualquier actividad, aunque sea de una empresa pequeña, está recibiendo una influencia constante de lo que está ocurriendo en los distintos escenarios. Tenemos aún la costumbre de pensar en términos locales o nacionales, cuando gran parte de la política económica nacional está transferida a la economía internacional. Variaciones del valor del tipo de cambio o la variación de la cotización del crudo, por ejemplo, puede afectar directamente a una empresa pequeña.

En el primer módulo de este libro veremos una introducción de la economía a su conjunto, donde hablaremos del Producto Bruto Interno (PBI) y el cuadro macroeconómico, en definitiva, las cuentas nacionales. En el segundo módulo hablaremos del sector público y la regulación de la economía a través de la política económica, especialmente la política fiscal y monetaria. Después, en el tercer módulo, pasaremos al lado monetario de la economía, hablaremos del dinero, el sector financiero y monetario y su regulación, por lo tanto, la instrumentación de la política monetaria. En el cuarto módulo hablaremos del lado exterior de la economía, donde agrupamos los temas relevantes de los flujos con el exterior, en particular, la balanza de pagos, la posición de inversión internacional, la protección arancelaria y el mercado de cambios, principalmente. En el quinto módulo veremos las situaciones de perturbación del equilibrio como desempleo y déficit público, fijándonos particularmente en la inflación debido a la importancia que tiene a la hora de analizar la economía; y finalmente, veremos de forma más práctica, el análisis de la coyuntura tratando de adiestrarnos en el uso de la información económica.

Por lo tanto, te animo amigo lector a aprovechar esta oportunidad de enfrentarte al aprendizaje de la economía que te puede proporcionar un cuerpo de conocimientos sólido y habilidades de análisis para disponer de criterio propio a la hora de interpretar el entorno económico de forma personal y solvente.

Empecemos.

Capítulo I

Panorama General De La Economía

Cuando se comienza el estudio de cualquier asignatura, es habitual plantearse los objetivos que se persiguen con su estudio, por lo tanto, deberíamos empezar de forma convencional acotando el campo del que se ocupa la economía con una pregunta que es muy simple de formular, pero no tan fácil de responder: ¿de qué se ocupa realmente la economía?

Aunque resulte increíble, responder esta pregunta ha sido tradicionalmente un empeño bastante difícil. Las distintas escuelas de pensamiento tienen su origen, precisamente, en la forma de responder esta pregunta sobre el propio objeto de la economía. Por lo tanto, me parece oportuna esta interrogante, ya que nos dirige al enfoque de este libro.

Trazando un recorrido, iríamos desde la más conocida definición de Lionel Robbins en los años 30s, hasta los modernos planteamientos de la teoría de los incentivos, pasando por las conexiones de la economía con la psicología, ya que la conducta humana, incluida la económica, está influida por toda clase de elementos emocionales sin los cuales no se podrían explicar acontecimientos como el funcionamiento de los mercados, las burbujas financieras, ni las distintas elecciones económicas de los individuos.

En este capítulo hablaremos de la economía como ciencia, de qué se ocupa y cuál es su objeto, también daremos un repaso a los nuevos planteamientos del objeto de la economía. Estudiaremos la economía desde un punto de vista pragmático, dando un enfoque empresarial. Se trata de analizar el entorno económico, por lo tanto, es indispensable tener herramientas para poder mirar la economía, y no simplemente verla de forma pasiva.

¿Qué es la Economía?

Debemos ver la economía como una ciencia de la conducta humana que comparte fronteras con otras disciplinas que también se ocupan de la conducta humana. La economía ha logrado un cuerpo sólido de conocimientos que se han mostrado útiles para explicar dicho comportamiento, pero tenemos también a la sociología y la psicología, entre otras, que se ocupan de la conducta humana.

La psicología, al estudiar el comportamiento humano, se enfoca en los procesos perceptivos, cognoscitivos, motivacionales y emocionales, pero todos estos, también están presentes en el comportamiento económico. Por lo tanto, desde el punto de vista de la economía, veremos la teoría de la elección, la teoría de los incentivos y la confluencia actual de la llamada economía conductual.

Dentro de las definiciones de economía, la más reconocida es la de Lionel Robbins que en un memorable artículo del año 1932 definía la actividad económica como *"el aspecto de la conducta humana que expresa una relación entre fines y medios limitados pero susceptibles de usos alternativos"*. La definición considera una variedad de los fines, pero con una limitación de los medios, donde existe una posibilidad de aplicación objetiva y una ordenación de la importancia diversa de los fines, por lo tanto, se hablaría de la teoría de la elección.

Esta teoría, aunque se ha mantenido a lo largo de las décadas, hoy se considera que sobrevalora los aspectos racionales de la conducta. Es cierto que la economía se ocupa de la conducta humana como hemos venido diciendo, pero hoy conocemos la importancia de los elementos emocionales de las decisiones económicas, es decir, no son ciertos los supuestos estrictos sobre el comportamiento del consumidor, del empresario o de otros mercados, porque se está omitiendo las consideraciones emocionales.

Actualmente, la economía se está convirtiendo más en una ciencia de los incentivos para poder explicar y modificar las decisiones económicas.

Ya en el año 1996, los premios nobel de economía, James A. Mirrlees y William Vickrey, formularon la teoría de los incentivos, que hoy está omnipresente en todos los aspectos de la economía, incluso en los premios nobel del año 2016, Oliver Hart y Bengt Holmström, por sus contribuciones a la pérdida de los contratos, pero estos, a su vez, delimitan los incentivos de comportamiento de los agentes económicos.

Hoy, como hemos dicho, todo confluye en la economía conductual, que es lo que nos implicaría poder entender, es decir, los elementos irracionales del comportamiento humano, permitiéndonos comprender, a su vez, las burbujas financieras, el funcionamiento agrupado de los mercados, el papel de las expectativas en los mecanismos de inflación, entre otros.

Aspectos metodológicos de la economía

Lo que pretende la economía es la obtención de un cuerpo de conocimientos generales y sistemáticos que tengan carácter predictivo, a través de la elaboración de hipótesis y teorías susceptibles de contrastación empírica, es decir, a través del método científico.

Es importante insistir que, las construcciones teóricas, pretenden obtener un carácter predictivo, en el sentido de que sean leyes generales, reproducibles y recurrentes. Si, por ejemplo, establezco una curva de demanda, entonces estoy considerando que cualquier persona se va a comportar de acuerdo a esa ley y, por lo tanto, servirá para predecir la conducta en sucesivas ocasiones.

Las construcciones teóricas, por lo tanto, tienden a no ser realistas en la economía, es decir, los modelos económicos y las construcciones econométricas son muy simplificadoras y selectivas de elementos relevantes, omiten grandes aspectos de la realidad, hablan de todo el consumo o de toda la inversión de la economía con una gran simplificación, pero esta simplificación es lo que permite que sean útiles y operativas. Para entenderlo mejor, tomemos como ejemplo un mapa de carreteras, siendo muy útil precisamente, porque es una gran simplificación de la realidad, el mapa no me cuantifica las distintas fallas en el asfalto o las distintas curvas de la carretera, pero me permite, perfectamente, llegar al lugar de destino. Algo similar sucede con los modelos económicos.

Por otro lado, las construcciones teóricas de la economía incorporan supuestos como los de motivación, paradigmas de comportamiento que, como hemos venido diciendo, muchos de ellos están en revisión, como son los casos del comportamiento del consumidor que siempre busca su máxima utilidad, el empresario que siempre busca su máximo beneficio o decir que el comportamiento del individuo es en base a ciertos parámetros de racionalidad y transparencia, que no siempre es así, ya que los agentes económicos no siempre actúan con parámetros de racionalidad, sino también con parámetros emocionales.

Existe otro supuesto que es el "CETERIS PARIBUS", es decir, como la economía depende de muchas variables, la única forma de analizarla de manera más práctica es congelando el resto de las variables y fijándose exclusivamente en la influencia de una sobre otra a igualdad de circunstancias como si todo lo demás permaneciera constante.

Finalmente, tenemos los supuestos de contexto: el social y el económico, como es evidente, siendo las formulaciones económicas válidas solo para algunos contextos y no para todos, por ejemplo: puede servir para una economía dual del centro de África, pero no para una economía muy bancarizada como el caso de Estados Unidos.

A medida en que vayas avanzando en los siguientes capítulos, podrás ir despejando el verdadero contenido de la economía como disciplina.

Los flujos primarios de la economía

En este segmento, haremos una descripción general del funcionamiento de una economía, para ello, nos apoyaremos en una adaptación del clásico esquema de Samuelson sobre los flujos primarios de una economía de mercado.

¿Por qué se dice que una economía es de mercado? porque si queremos descifrar la economía, hoy, es básicamente de mercado en todo el mundo, con todos los matices que se quieran poner. En todo caso, la mayoría de nuestra descripción valdría para cualquier sistema económico.

Gráfico 01: Flujo circular simplificado de una economía

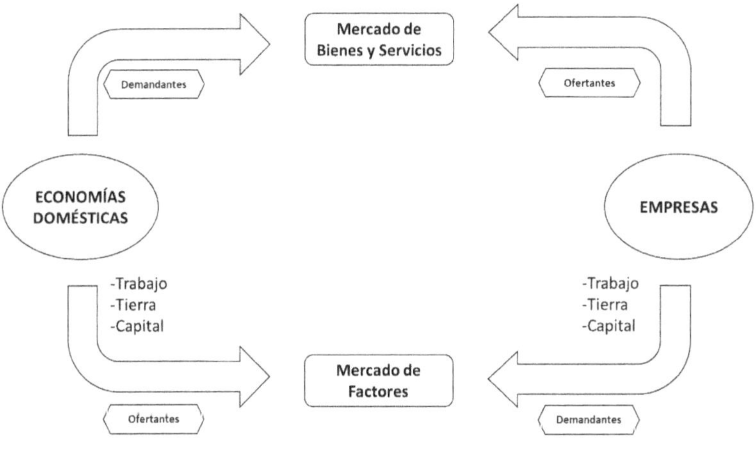

El gráfico 01, muestra los flujos primarios de una economía, considerando una simplificación de una economía con solamente dos sectores, por una parte, tenemos las unidades de producción que serían las empresas, y por otro lado tendríamos las unidades de consumo que serían las economías domésticas.

Se sabe que la unidad mínima de consumo o el átomo de consumo, no es el consumidor individual, sino la llamada economía doméstica, familiar o de hogar porque el consumo de muchas cosas no se realiza a nivel individual, sino a nivel doméstico, por ejemplo, los servicios de luz, calefacción, etc.

Por su parte, las empresas como unidades de producción de esta economía lanzan al **"mercado de bienes"** sus distintas producciones llamadas oferta de la economía. Las economías domésticas acuden a ese mercado para retirar los productos que las empresas han ido lanzando correspondiendo la parte de la demanda de mercado.

Ahora bien, las empresas, para poder lanzar sus productos al mercado, deben pasar por unos filtros, siendo estos los costos de producción. Podrían lanzar un producto que consideran novedoso o rentable en un momento determinado, pero al analizar los costos de producción, resulta que no lo sobrepasa, por lo tanto, solo lanzarán aquello que pase este filtro.

Por su parte, las economías domésticas, al acudir al mercado de bienes, se encuentran con un conjunto de productos donde toman decisiones para la elección de productos que les interesan. Por lo tanto, la interacción o intersección de las curvas de oferta y de las curvas de demanda, genera el precio en una economía de mercado.

Continuando con el análisis, resulta que las empresas y las economías domésticas no son dos sectores independientes, ya que, en una economía de mercado, las empresas son tenidas por las economías domésticas. Cuando las empresas se proponen lanzar al mercado ciertas cantidades de producción de un bien determinado, se encuentran con que tienen que demandar una serie de factores de producción para poder fabricarlo, por lo tanto, las empresas que son la oferta en el mercado de bienes, son la demanda en el **"mercado de factores de producción"**, demandando factores de producción clásicos como el trabajo, tierra y capital, siendo las economías domésticas los oferentes de los factores de producción en ese mercado.

Ambas corrientes, demanda y oferta, confluyen en el mercado de factores que están compuesto por los salarios, la renta, los intereses, principalmente, conformando un precio de mercado de factores. Es preciso indicar que, generalmente, a los precios en este mercado le iremos cambiando el nombre, por ejemplo, al precio del trabajo le llamamos "salario", al precio de las rentas de la tierra la denominaremos "rentas" y al precio del capital "intereses".

El mercado de factores, por lo tanto, no está desvinculado del mercado de bienes. Con frecuencia escuchamos a personas decir que cuando hay problemas de desempleo se solicita al gobierno que actúe en el mercado de factores, pero no se dan cuenta de que este mercado depende estrictamente de lo que ocurre también en el mercado de bienes, y a su vez, lo que ocurre en el mercado de bienes está influido por el mercado de factores, debido a que las empresas tienen que pasar por los filtros de costos de producción que vienen determinados por el mercado de factores. Por lo tanto, un factor de producción se demandará si es demandado el bien en el que interviene en su producción. De ahí la máxima interrelación de ambos mercados.

Es cierto que el mercado de factores tiene algunas peculiaridades como la dependencia del mercado de bienes, pero con frecuencia está mucho más regulado; tanto el mercado laboral, los salarios mínimos, entre otros, como también, la política de intereses regulada por la política monetaria. Por lo que, en definitiva, el mercado de factores sería más rígido que el mercado de bienes.

En esta simplificación de economía que venimos describiendo, nos encontramos que hay que tomar una serie de decisiones que los sistemas económicos tienen que ser capaces de llevar a cabo, por ejemplo **¿qué bienes se deben producir en este mercado?**

Podríamos pensar que los que deciden qué bienes producir son los empresarios, por ser los que lo producen, pero se sabe que, por este mecanismo las empresas no son capaces de tomar buenas decisiones porque las economías domésticas no lo retiran del mercado. Entonces, tal vez sean las economías domésticas, ya que son las interesadas en adquirir una serie de bienes, pero surge el problema de que el mercado no es capaz de suministrarlo en su totalidad. En una economía de mercado es el propio mercado quien lo decide.

Es preciso indicar que cuando hablamos del mercado no nos referimos a la oferta o a la demanda, sino a la interacción de estas, quien va decidiendo en cada momento los bienes que se van a producir.

La segunda interrogante que tiene que satisfacer un sistema económico es **¿cómo producir los bienes?** Los bienes se pueden producir alternativamente con distintos procedimientos o distintos métodos; por ejemplo, más intensivos en capital o trabajo, pero ¿quién toma esa decisión?

Un ejemplo trivial que podemos observar todos los días es que, en algunas ciudades, la limpieza pública es realizada por máquinas automáticas, conducidas por un operario, pero este mismo servicio es realizado en una economía distinta, por ejemplo, en África es realizada por un grupo de personas que van barriendo con sus escobas. Al final, el producto del servicio es el mismo.

Entonces, ¿quién ha tomado la decisión de que en un caso se hagan de forma intensiva en capital y en otra intensiva en trabajo? Igual que el caso anterior, es el propio mercado el que, en función de las características del mercado de factores y las características estructurales de esa economía, va decidiendo en cada momento cómo se realiza la producción.

Como tercera pregunta que tiene que satisfacer un sistema económico es **¿para quién se producen los bienes?** En este caso estamos hablando de la distribución de la renta. Todo lo que se genera en esta economía simplificada descrita, va produciendo un "pastel" que debe ser repartido, pero ¿quién lo reparte? o ¿cómo se reparte? Estas interrogantes generan el problema de la distribución de la renta, por lo tanto, la economía de mercado también decidirá cómo se distribuye la renta, siendo esta más o menos aceptable por los ciudadanos hoy día, pero la economía de mercado sí responde a la pregunta de ¿para quién?

Ahora, ¿cómo hace la distribución de la renta una economía de mercado? Lo hace estrictamente en proporción a las rentas que obtienen los poseedores de los factores de producción, es decir, el trabajo, la tierra y el capital, a la hora de aportar sus factores al mercado de factores y obtener rendimientos de ellos. La renta en una economía de mercado es repartida exactamente según la contribución de los poseedores de los factores de producción que contribuyen a producir el bien o servicio, porque, si no contribuyeran, no recibirían ninguna renta. Por ejemplo, el trabajador que está desocupado, que no acude al mercado de factores de producción, naturalmente, aunque sea poseedor de este factor, no cobrará nada.

Gráfico 02: Inyecciones o Detracciones de los flujos primarios

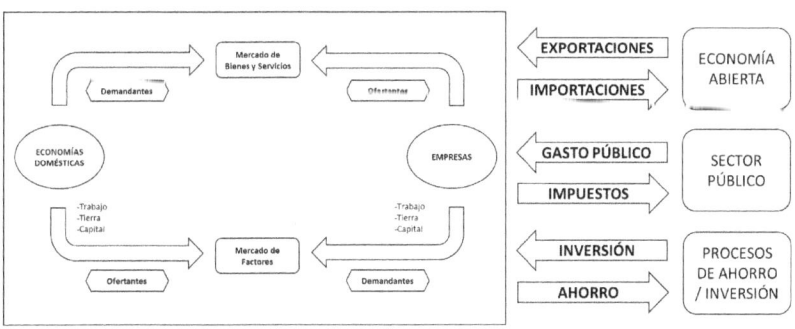

Siguiendo con el análisis, pasemos a ver las inyecciones o detracciones que existen en los flujos primarios, descritas en el gráfico 02. Naturalmente, la producción interna va destinada, no solo al consumo interno, sino al externo, por lo tanto, tenemos las exportaciones. Es preciso aclarar que, no es un error la dirección de la flecha del gráfico, puesto que, efectivamente salen las exportaciones al exterior, pero se compensan con una inyección de flujos de dinero que entran en la economía. Igualmente, los flujos de las importaciones salen hacia el exterior, con lo cual tenemos una economía abierta.

Por un lado, tenemos el gasto público que es una inyección de fondos dentro de los circuitos de esta economía descrita y, por otro lado, tenemos una detracción de flujos a través de los impuestos que van desde la economía hacia el tesoro público, introduciendo así al sector público.

Finalmente, tenemos una inyección a través de la inversión y una detracción a través del ahorro. Dentro de los flujos internos de la economía hay partes que quedan estancadas en forma de ahorro, es decir, existen unos procesos de ahorro e inversión.

Es obvio pensar que existe una superposición de corrientes monetarias, por lo que, para este caso no lo hice explícito para no hacer excesivamente complejo el esquema; pero está claro que junto a una flecha en una dirección, existe una flecha dineraria por el sentido contrario; por lo tanto, se superponen todas las corrientes monetarias, introduciendo asi el concepto de dinero.

Ahora, vamos a ver cómo podemos detraer algunas coordenadas básicas para analizar la economía. En primer lugar, tenemos el llamado paradigma del mercado competitivo o mercado de competencia perfecta, que es el modelo básico de economía de mercado. Existe una discusión sobre su eficiencia que lo hablaremos explícitamente en el siguiente apartado.

En segundo lugar, tenemos a la economía en su conjunto, donde podemos analizar los agregados básicos, como el consumo y la inversión, principalmente, y cómo se articulan a través del cuadro macroeconómico.

En el lado de la economía abierta, nos encontramos con todos los planteamientos del sector exterior de la economía, temas importantes del comercio internacional, la balanza de pagos como mecanismo básico de análisis, los mercados de cambios, entre otros; parte muy importante porque las economías son muy abiertas e influyen en el funcionamiento interno.

Por su parte, tenemos al sector público, que cabe analizar el papel que representa, las discusiones sobre su mayor o menor intervención en la economía y todo el marco de la política económica y la descripción más pormenorizada, descendiendo a las políticas económicas, como la monetaria, la fiscal, de rentas, etc.

Por otro lado, cuando hablamos de los procesos de ahorro-inversión, nos encontramos con el sistema monetario y financiero, donde se habla del dinero y los mercados monetarios, un aspecto desconocido en general, ya que la gente no suele saber lo que es el dinero y el papel crucial del sistema financiero en una economía.

Adicionalmente veremos los desequilibrios de esta estructura: el desempleo, el déficit exterior, el déficit público, la inflación y deflación, principalmente.

Es necesario mencionar que existe una serie de temas o rasgos no bien descritos hasta ahora, pero que habría que considerar de una forma diferente, como es, la distribución de la renta, la calidad institucional y finalmente la evolución cíclica de la economía que hasta ahora no lo hemos descrito, solamente de forma estática, pero es necesario verlo mediante un enfoque dinámico, puesto que, la economía sufre altibajos, encontrándonos con los momentos de auge o de recesión.

Dicho lo anterior, es necesario ver algunos desequilibrios básicos que existen sobre los paradigmas mencionados, caso contrario, no llegaríamos a comprender los aspectos instrumentales para ser capaces de analizar una economía.

Por lo tanto, emparejado con una economía en su conjunto, nos encontramos con el desempleo de recursos y factores. No solamente se habla del desempleo del trabajo, sino de cualquier recurso que hace que la economía no crezca a su nivel potencial.

En frente del sector exterior de una economía, nos encontraríamos con el déficit exterior, aspecto muy importante a analizar en las economías de los diferentes paises en estos momentos.

Emparejado con el papel del sector público, nos encontraríamos con el déficit público y todos los problemas relacionados con el endeudamiento público, principalmente.

Y finalmente, emparejado con el sistema monetario y financiero, nos encontraríamos con un fenómeno que es esencialmente monetario, conocido como la inflación.

Este sería el programa, justificando cada uno de los aspectos que hemos analizado y cada uno de los temas que tenemos que ver para completar la visión general de la economía. A su vez, sería útil analizar cómo se clasifica la economía como disciplina y sus divisiones curriculares. Esto nos servirá para disipar algunos errores comunes que se cometen al usar coloquialmente los términos de macroeconomía y microeconomía.

La clasificación general del estudio de la economía y el análisis de los problemas económicos tiene dos grandes áreas generales de estudio: La microeconomía, que se ocupa de responder las preguntas que hemos venido haciendo en este capítulo, el ¿qué producir? siendo objeto específico de la teoría de la asignación de los recursos, ¿cómo producir? bajo la teoría de la producción, ¿para quién producir? asignada a la teoría de la distribución y, como cuarta pregunta, sería ¿con qué grado de eficacia se utilizan los recursos productivos de la sociedad? siendo esta última un área específica de la economía denominada "economía del bienestar", pudiendo resultar confuso, porque coloquialmente la gente entiende por bienestar como un estado, pero no tiene ninguna relación. La economía del bienestar es una rama de la economía muy formalizada matemáticamente que se ocupa de aspectos de optimización de recursos.

Por otro lado, otra gran área general de estudio es la macroeconomía, que se ocupa en responder a la pregunta, ¿cómo utilizar plenamente los recursos productivos de la sociedad? siendo objeto de la teoría de la ocupación, la renta nacional y sus fluctuaciones. Básicamente, este es el objetivo de este libro y de los cursos más convencionales de macroeconomía. Hay que precisar que, lo que se está tratando aquí es ver cómo se aleja o se acerca más el producto real obtenido, respecto a la capacidad productiva que una economía o una dotación de recursos tiene en un momento determinado, este último, conocido también como producto potencial. Sin embargo, existe una pregunta muy importante con la que se topa cualquier persona que se acerca a la economía, y es, no exactamente si usamos bien o no los recursos productivos que tenemos, sino ¿por qué esa capacidad productiva se desarrolla de forma diferente en las distintas sociedades?, interrogante que tiene como objeto, la teoría del desarrollo económico, que es una teoría que ha ocupado gran parte del interés de los economistas, tradicionalmente.

Es así que se generan preguntas relevantes como, ¿qué es lo que hace que aumente la capacidad productiva? o ¿por qué unos países son desarrollados y otros son subdesarrollados o emergentes?

A lo largo del tiempo han habido muchísimas respuestas que se han tratado de dar, como por ejemplo: depende del clima, depende de los recursos naturales, depende del capital disponible de cada una de las economías, la teoría de centro periferia, explicando que, los países son subdesarrollados porque sufren la explotación de los países metropolitanos o de centro, o por la teoría que ha hecho mucho daño en américa latina que es la teoría de política de sustitución de importaciones como estrategia para el desarrollo, porque ha hecho perder muchas décadas para su avance, pudiéndose retomar ahora con los vientos de proteccionismo para extraer elecciones, siendo un tema importante para investigar.

Actualmente, se considera que el capital humano es muy importante, pero que el papel es clave por parte de la calidad institucional, tema que trataremos más adelante.

Por lo tanto, desagregando la palabra macroeconomía y microeconomía a macro, que etimológicamente significa grande y micro que significa pequeño, que para estos casos, no se corresponde exactamente con el objeto de la macroeconomía que, teóricamente debería ser lo más general y la microeconomía lo más particular, ya que la microeconomía está tratando temas tan generales y grandes, como la teoría de la asignación de los recursos, la teoría la distribución, la teoría de bienestar, entre otros; y la macroeconomía, a veces, utiliza aspectos puramente particulares, como, descender al análisis del sector bancario, por lo tanto, es ilustrativo que sepamos manejar correctamente el término de macro y de micro dentro de los estudios de economía.

Hemos esbozado en este apartado una descripción general de la economía a través de sus flujos primarios. Esto nos ha dado pie para exponer también el temario de este libro que así ha quedado acoplado a los diferentes apartados de esa descripción. En los siguientes capítulos iremos cortando la economía en diferentes apartados, solo por evidentes razones didácticas, pero siempre hay que tener presente la visión general que acabamos de mostrar en este subcapítulo porque la economía es un conjunto que no se puede destrozar.

Evaluación de la economía de mercado

En este apartado, vamos a retomar temas del llamado "paradigma de la economía de mercado" con el fin de hacer un repaso con las ventajas asociadas a las economías de mercado, pero también, con las fallas asociadas al funcionamiento eficiente de dicho mercado. Esto dará paso a la intervención del sector público, descubriendo, a su vez, que esta intervención generará otra serie de fallas, es decir, todo el conjunto de evaluación de ventajas e inconvenientes del sector público, del mercado, entre otros, está en la base de las posiciones ideológicas y de la toma de posición de cada uno, respecto a la solución de los problemas del entorno económico. De esta evaluación convencional, de forma genérica, hablaremos a continuación.

Gráfico 03: Evaluación convencional de la economía de mercado

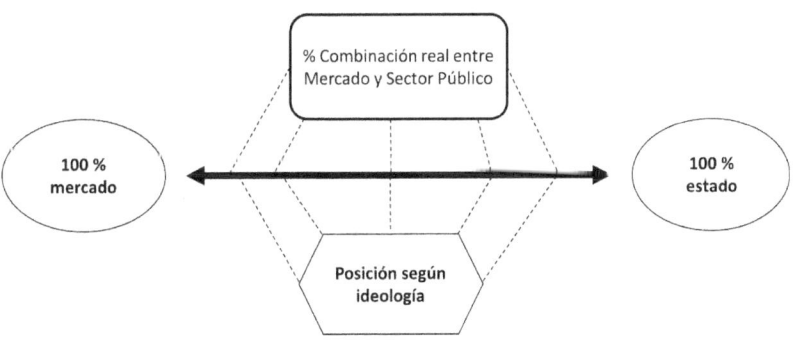

Podríamos resumir este tema dibujando un vector (ver gráfico 03) donde la parte izquierda representa una economía extrema al 100% de mercado y en la parte derecha una economía formada 100% por el estado.

Lo que nos interesa, no son los extremos puramente teóricos, sino los puntos intermedios de este eje, que representan diferentes posturas frente a las distintas proporciones de mercado y estado. No se trata en discernir, según los viejos dilemas marxistas, si los medios de producción deben de ser de propiedad pública o privada, sino, de otros aspectos relevantes que están implicados en este eje, por ejemplo:

- Las condiciones sobre el grado de libertad individual deseada.

- Los criterios individuales sobre el papel regulador del estado, siendo este tema un viejo debate, ya que, existen interrogantes que actualmente no cuentan con un consenso establecido, por ejemplo: ¿las regulaciones de tráfico de las grandes aglomeraciones urbanas en forma de semáforos y rotondas impuestas por las autoridades realmente restringen la libertad de circulación en automóvil, o por el contrario, la facilitan?

- Las creencias sobre cuáles son los mecanismos de generación de la renta y la riqueza.

- Las creencias sobre el papel del estado para afrontar la protección frente al riesgo y los infortunios de la vida.

En definitiva, cada aspecto se sitúa en un punto determinado del eje, de acuerdo a su posición ideológica, teniendo en cuenta un conjunto de factores como los mencionados de forma puramente ilustrativa.

Sin embargo, en realidad, se da una combinación entre mercado y sector público en la economía. El juego de la democracia, de la lucha política y de las elecciones, hace el esfuerzo de intentar buscar una combinación real y diferente según la posición ideológica de cada individuo, votante y partido. Veamos todo esto con más detalle a continuación.

La economía del mercado, como hemos dicho, lleva asociadas tradicionalmente, un conjunto de ventajas que resaltan constantemente en el plano teórico, pero los sistemas reales basados en la economía de mercado difieren normalmente de ese modelo teórico ideal que, generalmente, se fundamenta en los modelos de competencia pura o competencia perfecta que no son el caso de las economías modernas.

Además, las llamadas fallas del mercado que comentamos, han justificado la incorporación del estado como sujeto activo de la economía, o bien para cubrir objetivos no bien resueltos por el mercado que veremos a continuación, o bien para disminuir los costos no deseados que origina al mercado.

Por un lado, veremos las ventajas del mercado o una catalogación de ventajas genéricas y convencionales y, por otro lado, las fallas del propio mercado que, de alguna forma, significan el fundamento de la intervención del estado a través de las políticas económicas. Pero, a su vez, también la intervención del estado, por encima de lo necesario, interfiere en las ventajas del propio mercado, por lo tanto, nos obliga también a hacer otra catalogación de fallas del sector público.

Ventajas del mercado:

- **Eficiencia:** Se basa en el propio sistema de precios. El precio juega un doble papel. En primer lugar, actúa como intermediario entre los demandantes y los ofertantes, trasmitiendo toda la información en ambos lados. Técnicamente, diríamos que, el valor que dan los consumidores a los bienes es igual al costo marginal de producirlos, siendo este un aspecto microeconómico técnico que no vamos a tocar en esta oportunidad. En segundo lugar, el precio juega un papel central como mecanismo de asignación en una economía de mercado, es decir, los recursos escasos se irán asignando por sectores y productos, en función del precio. Para profundizar sobre este tema, veamos algunas nociones básicas de microeconomía:

Gráfico 04: Curva de demanda

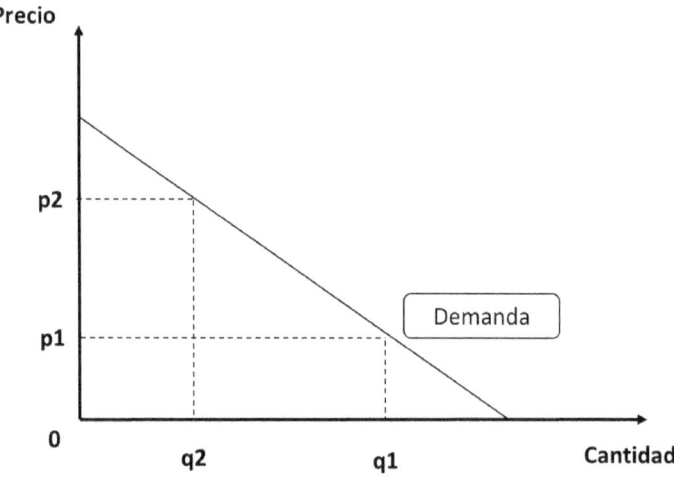

La curva de demanda, de forma decreciente, es una representación gráfica del conjunto de planes que tiene el demandante frente a un mercado o un producto. El gráfico 04 nos muestra que, a un precio elevado (p2), tendría deseos de recibir cantidades relativamente pequeñas (q2), sin embargo, si el precio baja (p1), vamos adquiriendo cantidades adicionales (q1), es decir, si el precio es mucho más bajo, la cantidad demandada será mayor.

Gráfico 05: Curva de oferta

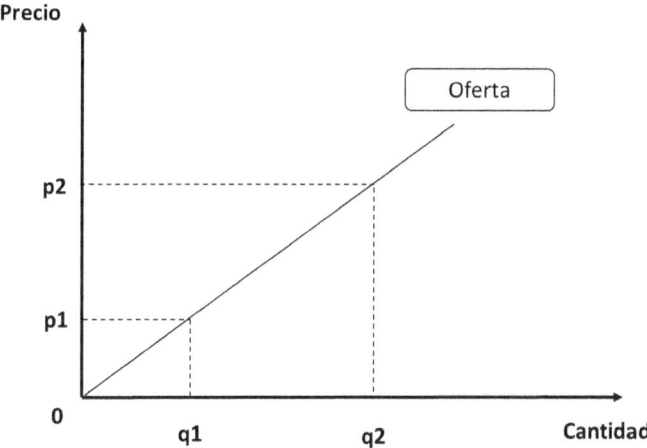

Este comportamiento también se puede ver en la curva de oferta que representa los planes de los ofertantes. La curva de oferta (gráfico 05) es creciente, indicando que para precios bajos las cantidades que estarán dispuestas a lanzar al mercado serán mínimas e irán creciendo progresivamente a medida que crecen los precios.

El gráfico 06, nos muestra el punto de intersección entre la demanda y la oferta (E), llamado "punto de equilibrio del mercado".

Gráfico 06: Equilibrio de mercado

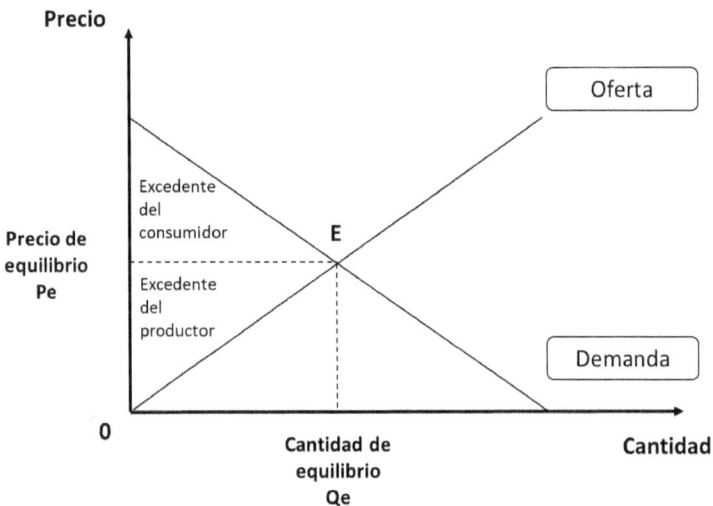

Nótese que, a un precio de equilibrio, los demandantes estarían dispuestos a adquirir toda cantidad comprendida entre los puntos (0;Qe) a precios superiores, sin embargo, como el precio de mercado es Pe, obtendrán toda cantidad comprendida entre los puntos (0;Qe) al precio mínimo de lo que estarían dispuestos a adquirir, generando el área denominado excedente del consumidor. De forma análoga, en el caso de los ofertantes, estarían dispuestos a lanzar al mercado todas las cantidades comprendidas entre los puntos (0;Qe) a precios más bajos que el que finalmente obtienen, luego, todas estas cantidades, las estarán lanzando al mercado al precio máximo posible para ellos, generando el área denominado excedente del productor. Por lo tanto, esto sería un mecanismo automático de eficiencia en los mercados.

- Coordinación de decisiones individuales de forma automática.
- Costos de información y transacción.
- Respeto a la libertad individual.
- Rapidez en la introducción de innovaciones y cambios técnicos.
- Carácter provisional de los desequilibrios producidos.

Fallas del mercado

Las ventajas y excelencias del mercado solo se dan con un conjunto de condiciones muy restrictivas e ideales.

- **Mercados No competitivos (No precio-aceptantes):** Se basa en el supuesto del modelo de competencia pura, desarrollada para una economía que no es la actual, más bien, aplicada para la economía de los siglos XVII y XVIII, donde predominaba la producción agrícola, donde eran mercados con precios aceptantes, es decir, ningún operador tiene el suficiente tamaño para influir en el precio, por lo tanto, el precio lo formaban anónimamente todos los operadores del mercado, los ofertantes y demandantes. Por ejemplo, un pequeño agricultor que ofrece tomates en el mercado no tiene ningún poder para influir en el precio y debe aceptar el precio que marca ese día el mercado.

Los mercados actuales no son competitivos, sino competencia imperfecta, es decir, no son precios aceptantes.

- **Información asimétrica:** Una de las condiciones de la competencia pura es la transparencia y la información completa. Sin embargo, hoy en día se sabe que existe información asimétrica, por ejemplo: el que vende un auto de segunda mano tiene más información sobre el estado del vehículo que el que lo compra y el que contrata un seguro de salud tiene más información sobre su salud que la compañía aseguradora.

- **Efectos externos o conocidos también como externalidades:** Se dan cuando la producción o el consumo de un bien, afecta a agentes ajenos al intercambio o ajenos a la transacción; de esta forma, los costos privados difieren claramente de los costos sociales, por ejemplo, una fábrica que desecha insumos químicos y contamina las aguas de los ríos, afectando a los agricultores, a los habitantes que consumen el agua proveniente de dicho río, entre otros. Estos últimos son agentes ajenos al intercambio, pero que se ven afectados, generando un efecto externo que no está internalizado en la estructura de costos de esa fábrica.

Las externalidades pueden ser negativas, como el ejemplo mencionado o, pueden ser externalidades positivas, por ejemplo, hacer una especialización profesional, si bien tiene un efecto directo hacia el que lo realiza, también generará un efecto externo positivo hacia la economía de su país, ya que, dispondrá de gestores y directivos preparados para la gestión de las instituciones.

- **Bienes públicos (no rivalidad, no exclusión):** Esta falla es otro ejemplo claro de algo no bien resuelto por el mercado. Los bienes públicos son las mercancías en las que el costo de extender el servicio a una persona adicional es cero y de cuyo disfrute es imposible excluir a nadie. El alumbrado público en una ciudad es un caso de bien público, puesto que, el mercado no puede proveerlo fácilmente porque necesita usar dos características: la rivalidad, haciendo referencia a que si uno lo consume otro no podrá hacerlo, en el caso del alumbrado público, que lo consuma uno no excluye que otro lo pueda consumir y, por otra parte, el mercado necesita usar la exclusión, excluir a los que no pagan por el servicio.

- **Rendimientos a escala creciente:** En este caso, existen fábricas de alta tecnología con altos costos fijos que no son distribuibles en pequeñas producciones, en otras palabras, una fábrica con necesidades enormes de costos fijos que solamente se pueden diluir en enormes producciones. Es más eficiente que hayan muy pocas empresas con una escala muy grande porque se pueden conseguir costos fijos medio más bajo, por ejemplo, es más eficiente que existan pocas compañías de fabricantes de aviones de uso comercial, que muchos pequeños talleres distribuidos por los países.

- **Distribución de la renta:** El mercado distribuye la renta de acuerdo a criterios que no son probablemente los que desearían los ciudadanos hoy día.

- **Desequilibrio y crecimiento de la economía:** Se considera como falla de mercado, los desequilibrios de la economía o ciclos económicos, que el mercado no tiene medios para resolverlos por sí solo.

- **Necesidades preferentes e indeseables:** Los bienes preferentes o los indeseables, son aquellos bienes que los individuos no aprecian de forma correcta, por tanto, el sector público incentiva u obliga a consumir los preferentes, como el cinturón de seguridad, la educación obligatoria, entre otros, o bien, en el caso de los indeseables, los obstaculiza o prohíbe directamente, como el tabaco, el alcohol, las drogas, etc.

- **Impulso a la insolidaridad y a posiciones antagónicas:** Es un tópico atribuirle al mercado que responde a las recientes investigaciones de la economía conductual apoyadas por la psicología, quien revisa estos prejuicios. Son estudios que cuantifican la cooperación y el altruismo en la conducta humana.

- **Ineficiencias en casos de emergencias:** En este caso, se constata que el mercado no es capaz de suministrar eficientemente los servicios en casos de emergencias.

Fallas del sector público

Aquí nos encontramos con toda una corriente de pensamiento económico, llamada la escuela de elección pública (public choice theory) que ha sido dirigida por James M. Buchanan, premio nobel de economía. Esta escuela es muy influyente ya que ha tenido tres de sus representantes como premios nobel de economía. Esta escuela se centra en las siguientes fallas del sector público:

- **Imperfecciones derivadas del mercado político.** Estudia a los participantes de ese mercado: los políticos, los grupos de presión, los funcionarios públicos y los votantes. Establece un análisis según los cuales, cada uno de los participantes incurre en ineficiencias e imperfecciones que hacen que no funcione este mercado frente al interés del conjunto de la economía. Sin embargo, tiene un propósito de activismo político en contra de la intervención del estado, identificado con posturas liberales y extremas.

Proponen un programa de desintervención pública que ha servido de hoja de ruta de las actuaciones de las últimas décadas en el mundo de las cuales se citan los programas de privatizaciones en todos los países que es la venta de activos públicos; las diferentes desregulaciones, la eliminación de normativas legales que dificultan la competencia de los mercados; siendo interesante considerar la introducción que proponen sobre restricciones legales, incluso a nivel constitucional, para limitar el crecimiento del gasto público y los déficits recurrentes de las cuentas públicas.

• **Ineficiencia en la producción de bienes públicos y sociales:** Debido a que, es muy difícil definir el tipo y cantidad de estas prestaciones, porque el servicio público suele ofertarlos a costos reales muy elevados y con claras ineficiencias.

• **Dificultades en el control de los monopolios naturales.** Un monopolio natural es aquel en el que una sola empresa puede generar toda la producción del mercado a un costo menor, en comparación a que si hubieran varias empresas compitiendo entre sí, por ejemplo, podemos citar el servicio de agua potable, que es más eficiente que exista una sola empresa que suministre el agua en nuestro hogar a que hayan muchas empresas compitiendo en querer traer el suministro. La tecnología hace cambiar las condiciones que justifican el monopolio natural, por ejemplo, antiguamente las telecomunicaciones se consideraba un monopolio natural, pero el avance de la tecnología de la computación hizo que sobrepase esta restricción.

• **Internalidades:** El sector público tiene gran dificultad de regularlas para que los precios del mercado recojan los efectos externos que hemos comentado antes y se puedan internalizar.

• **Externalidades asumidas por presión de grupos:** Donde el estado asume diferentes externalidades positivas como el del tipo de las infraestructuras, promoción de salud, educación, entre otros, pudiendo sucumbir a la presión de los grupos, teniendo referencias claras de constatación de casos de corrupción.

• **Ignorancia de costos reales por parte del sector público:** Debido a que no existe competencia ni riesgo de quiebra.

Ante lo descrito, es preciso conocer qué es el riesgo moral. El riesgo moral es la tendencia a asumir un riesgo demasiado elevado por parte de las personas que tienen un seguro, dicho esto, se circunscribe originariamente al ámbito del sistema de seguros. La persona que tiene seguro a todo riesgo pondrá menos cuidado en evitar posibles siniestros porque lo tiene cubierto.

Donde se ha hablado más sobre este tema es en la rama de la macroeconomía, por ejemplo, el riesgo moral sería que el gobierno asegure a todos los bancos que no van a quebrar puesto que esto desincentiva una gestión prudente por parte de los bancos. Este tema ha sido muy relevante en la última crisis.

Es así como dejamos planteado los términos del eterno debate sobre "más mercado o más estado". Inevitablemente, estos planteamientos están presentes como telón de fondo en todo nuestro temario, especialmente cuando hablemos de las políticas económicas.

Capítulo II

Medición Resumida De La Economía

Para ver la "foto" de una economía, lo que se hace es recurrir al mejor instrumento que es su cuadro macroeconómico, por lo tanto, en este capítulo, conoceremos con criterio riguroso el significado económico de los elementos que lo componen: producto, consumo, inversión, renta, principalmente.

A su vez, aprenderemos a interpretar correctamente el cuadro macroeconómico que es, el hoy muy popular, Producto Bruto Interno (PBI), desagregado en sus componentes principales; siendo una buena forma de poner la lupa en esa hipotética foto de una economía.

Y, al final de este tema, cualquier persona que lo haya estudiado con detenimiento, estará preparada para analizar por sí misma y con suficiente solvencia, los datos básicos macroeconómicos de cualquier país, disponiendo así, de un diagnóstico propio e independiente sobre su economía.

Los agregados básicos: producto, renta y gasto

Los llamados sistemas de cuentas nacionales desarrollados en las últimas décadas han supuesto una de las contribuciones más importantes para el conocimiento de la economía y para el diseño de las correspondientes políticas económicas. Así se lo ha reconocido al conceder el premio nobel de economía a Simon Kuznets en el año 1971, creador de las cuentas nacionales.

En la época de la gran depresión de los años 30, no existían todavía estos sistemas de cuentas, los cuales hubieran permitido un mejor conocimiento de la realidad económica del momento. En su lugar, simplemente habían distintas estadísticas de producción de cada uno de los sectores, pero solo se podía tener una visión rudimentaria, sin la integración de las tres visiones propias de la actual contabilidad nacional: la oferta, la demanda y las rentas.

Se institucionaliza en la conferencia de Bretton Woods en el año 1944 y en Estados Unidos se comenzó a publicar el PBI para el año 1947.

La producción en la economía.

La actividad económica requiere los tres factores clásicos de producción: el trabajo, el capital, y la tierra o el espacio físico; factores imprescindibles para cualquier actividad económica.

Por lo tanto, el producto nacional será la conjunción de estos tres factores; por una parte, los recursos naturales que no son reproducibles y ampliables, sino que es algo cuya conservación, exige con frecuencia gastos considerables.

Aquí surge toda una corriente importante en la economía sobre el medio ambiente y sobre aspectos ecológicos esenciales para la sostenibilidad de la creación de producto, precisamente nacional.

Por otra parte, tenemos la fuerza de trabajo, algo ya conocido, pero que interesa resaltar, la importancia es su calidad, es decir, en términos de condiciones sanitarias, nivel de educación, formación, entre otros, que sería el enfoque moderno de la teoría de capital humano, que es más importante que la cantidad, representadas en horas de trabajo aportadas. Esto puede parecer una verdadera obviedad hoy en día, sin embargo, a lo largo de la historia del hombre no ha sido así.

Aproximadamente en el momento en que surge la invención de la máquina de vapor y, sobre todo, en los siglos anteriores, lo importante era la cantidad, por eso las naciones se marcaban en importantes guerras para capturar mano de obra de los países vecinos, pero hoy en día afortunadamente no es así.

Por otro lado, tenemos el capital productivo que lo podríamos definir como el conjunto de medios de producción que reviste dos modalidades: por una parte, el capital fijo que son el equipamiento, maquinaria, instalaciones, plantas, donde su vida útil se extiende a una pluralidad de periodos en el proceso de producción, frente a la materia prima que se extingue dentro del proceso y, además, existe otra modalidad de capital productivo que es el capital en existencias.

Insistiré en este último, porque tiene una difícil comprensión, por lo tanto, nos planteamos la siguiente pregunta, ¿por qué cuando resulta un aumento en los stocks o inventarios (capital de existencias) en los almacenes de las empresas, se considera que eso es capital o inversión cuando realmente estos fueron aumentados debido a una baja demanda? pues la respuesta es que, realmente es un stock no planeado, es decir, realmente la economía en su conjunto ha invertido en dichas existencias. Esto tendrá su importancia a la hora de interpretar algunos rótulos del cuadro macroeconómico para analizar la situación de la economía en cada momento.

En definitiva, el producto nacional será la conjunción de la interacción de los tres factores de producción que lo señalamos: los recursos naturales, el trabajo y el capital productivo.

Podemos considerar que hay toda una cultura que se nos ha impartido, incluso en la enseñanza en los colegios que primaba la importancia de los recursos naturales para producir más "producto nacional"; o a su vez, nos mencionaban que los países ricos son aquellos que tienen recursos naturales y esto es algo que todavía lo podemos escuchar todos los días en los medios de comunicación, o también, cuando se habla de un país que tiene enormes recursos naturales, bien sea petrolero, minerales, entre otros. Se escuchan expresiones como: "lástima por ese país, con lo rico qué es y, sin embargo, no genera suficiente renta para su población". Es por ello que vamos a revisar los criterios para ver qué países pueden considerarse más productivos o menos productivos.

Por su parte, tenemos a la fuerza de trabajo con una evidente relevancia, y también el capital productivo que es el conjunto de instalaciones, de fábricas, entre otros. Esta mezcla de los factores generan el producto a un nivel determinado de tecnología, es decir, un determinado producto, generado por la mezcla de factores con tecnología actual será superior al producto generado con tecnología de un siglo anterior y, además, con una determinada calidad institucional.

Me gustaría resaltar la importancia del factor institucional. El premio nobel de economía de 1993 y fundador de la escuela llamada "Nueva Economía Institucional", Douglas North, pone énfasis en los aspectos de las instituciones que son simplemente las reglas de juego de una sociedad.

En economía, como concepto genérico, es la forma en que se relacionan los seres humanos de una determinada sociedad colectiva que busca el mayor beneficio para el grupo.

Puntualmente, no hay que poner énfasis en las reglas formales, como los de carácter normativo y legal, entre ellas tenemos a la constitución, las leyes, los reglamentos, entre otros, sino que hay que poner énfasis en las reglas informales, es decir, los hábitos y costumbres del colectivo que señalan el grado de cumplimiento de contratos, reglas y normas, también de los sesgos que se aplican a las reglas y sus irregularidades. Es importante medir la calidad institucional por si el público guarda las colas correctamente, que no está ninguna regla, o si respeta a los stops en las carreteras, etc.

Es un conjunto lo que determina la calidad institucional y no solamente emitir mejores o peores leyes, o tener un diseño institucional formal o legal, de más complejidad o de menos complejidad.

Por lo tanto, volviendo al producto nacional, un enfoque integrador consideraría que la producción o renta, o el incremento de la misma que se simboliza con la letra Y, estará en función de los recursos naturales, del capital físico, de la tecnología, de los recursos humanos y de la calidad y estabilidad de las instituciones.

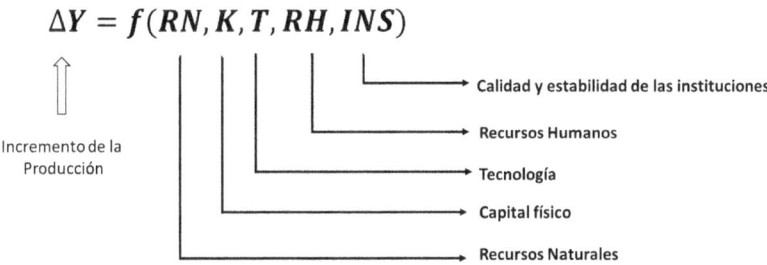

Producto Nacional se define como "el valor total de la corriente de bienes y servicios finales generados en una economía por unidad de tiempo". Lo que nos interesa es ver cómo podemos cuantificar todo lo que produce la economía en un momento determinado.

El detalle es que la economía produce cosas muy diversas y difíciles de medir como la producción de productos de transporte, productos de industria farmacéutica, servicios financieros y de educación, entre otros. Por tanto, para poder medir todo lo producido en conjunto, lo tendremos que definir como el valor total de la corriente de bienes y servicios finales generados por unidad de tiempo. Estamos hablando de una variable flujo o por periodo de tiempo que es muy distinto de una variable stock que es a un nivel determinado.

A su vez, en la definición debemos de hablar de bienes y servicios finales, esto es muy lógico ya que permite evitar la doble contabilización, por ejemplo, contabilizar el valor del automóvil y no contabilizar los neumáticos que lleva dicho bien.

Finalmente nos encontramos con que el gran problema de uniformar en una cifra todo el producto heterogéneo que produce una economía, lo que se hace es una valoración, con lo cual llegamos a una sola cifra de producto nacional pero ¿cuál es la norma?, ¿cómo estimamos ese valor?

Como estamos en una economía de mercado, entonces se usarán los precios del mercado. Esto, que parece ser la solución ideal para llegar a una cifra de producto, es una de las fuentes más importantes de problemas en la utilización del producto nacional porque hay muchas cosas que se producen y que no tienen precios de mercado, también, porque si en un momento determinado aumentan los precios de los tomates, por ejemplo, no necesariamente explica al aumentado el producto nacional, ya que simplemente puede haber aumentado porque son escasos o se han producido menos, con lo cual, debería disminuir el producto nacional y no aumentar. Hay muchas razones por las que la solución de precios de mercado es cómoda, pero plantea muchos problemas que tenemos que saber interpretar.

Una vez generado el producto nacional, vamos a proceder a su análisis y le iremos dando distintas denominaciones. Todo lo que se produce en la economía son dos cosas, o bien productos de consumo, o bien productos de inversión. Recordemos que estamos dentro de la macroeconomía donde se trabaja con una gran simplificación.

Los productos de consumo son aquellos destinados a satisfacer las necesidades corrientes de la población, como alimentación, vestido, calzado, entre otros. Por su parte, los productos de inversión son aquellos destinados a mantener y/o ampliar la capacidad productiva del país.

Decimos esto porque la capacidad productiva del país sufre una depreciación si no se hace nada a lo largo del periodo, por lo tanto, la inversión que realizamos llega a suponer una compensación, mantenimiento de esa capacidad perdida, o incluso puede ser la inversión superior y llegar a aumentar.

Recordemos que, la inversión tiene una doble característica, por una parte, son las existencias y por otra parte el capital fijo. Veamos la depreciación un poco más a detalle:

Supongamos que a principios de año nos encontramos con un stock inicial de capacidad productiva como fábricas, equipos e inventarios, y a lo largo del período se da una inversión bruta (se invierte). Ahora bien, el stock inicial de capital, a lo largo del período, irá disminuyendo porque, como hemos dicho, existe una depreciación, por lo tanto, la inversión bruta será superior a la depreciación sufrida por el capital productivo en el período con lo que se daría una inversión neta positiva. Al final del periodo el stock final sería superior al inicial.

Esto no tiene por qué ser así. Hay países donde, desastrosamente, la inversión neta es negativa, es decir, no invierten lo suficiente para compensar la depreciación sufrida por su capacidad productiva, con lo cual, al final del ejercicio se pueden encontrar con un stock final que es inferior incluso al stock inicial con el que empezaron el ejercicio.

Una vez descrito el concepto de depreciación, podemos ver que el producto será el consumo más la inversión, pero, si consideramos la inversión bruta nos dará el concepto del Producto Nacional Bruto (PNB) y si consideramos la inversión neta, es decir, quitando la depreciación, tendremos el Producto Nacional Neto (PNN).

La renta nacional

La renta nacional, también expresada con la letra Y en las notaciones matemáticas de la economía, será la remuneración de los factores productivos, en otras palabras, es la suma de todas las remuneraciones de trabajo, tierra, capital y sobre las realizaciones empresariales.

Sin embargo, hay que hacer una anotación importante y es que conviene distinguir el concepto de renta, como un concepto de flujo o por periodo, por ejemplo, si una persona gana mil dólares, no será lo mismo al día, a la semana, al mes o al año; en cambio, la riqueza es un stock o un fondo, por ejemplo, una persona tiene mil dólares al 31 de diciembre del presente año.

Por otro lado, tenemos que distinguir también la renta de la transferencia, es decir, la renta siempre es bidireccional, es un "quid pro quo", o una contraprestación, como recibir un salario a cambio de una tarea determinada en mi empresa; en cambio, la transferencia no tiene ninguna contraprestación, es unidireccional, es una redistribución de la renta. Una persona puede recibir una cantidad determinada de dinero, sin embargo, esa transferencia simplemente no se refiere a una contraprestación, no es una remuneración del factor productivo, sino que puede ser un regalo nada más. Sin embargo, no toda la renta nacional está disponible para el gasto, con lo que llegamos al concepto de renta disponible.

La renta disponible (Yd) comprende a la renta (Y), o la suma de las remuneraciones de todos los factores productivos, menos el beneficio no distribuido por las sociedades, es decir, el ahorro de las de las sociedades (Sf), con lo que, su equivalencia sería, el consumo (C) más el ahorro de las economías domésticas (SED).

$$Y - S_f \equiv Y_d \equiv C + S_{ED}$$

Como siguiente paso, vamos a introducir la actividad gubernamental que es el sector público. Esto nos dar lugar a otra distinción: el producto a costo de factores o el producto nacional a precios de mercado.

Para pasar de precio de los mercados a costo de los factores, tendríamos que deducir los impuestos indirectos netos de subsidios, que es la imposición indirecta asociada a los productos, como pueden ser el IVA, los aranceles de importación, entre otros, pero, una vez deducidos los eventuales subsidios que pudiera haber, que es un impuesto pero negativo o de dirección contraria, de tal forma que un impuesto es una detracción que va desde la economía hacia el tesoro, y un subsidio sería en dirección contraria, del tesoro hacia la economía.

Por lo tanto, esta deducción de los impuestos indirectos netos de subsidios, que es un epígrafe que aparece en todos los cuadros macroeconómicos, es lo que nos permite conocer si estamos hablando de una cifra a costo de factores o a precios de mercado.

Una vez que nos hemos introducido a la actividad gubernamental, tenemos que tener en cuenta que esta conlleva un conjunto de gastos sobre la economía y, al mismo tiempo, un conjunto de ingresos.

Esto es lo que nos permitirá hacer la introducción a la política fiscal o presupuestaria, que hablaremos en temas posteriores, pero adelanto a decir que la política fiscal no es la política de impuestos en términos de cualquier informe económico, sino la política de ingresos y de gastos o presupuestaria.

Por tanto, el juego de gastos y de ingresos en la política fiscal serán las armas principales que tiene el sector público para intervenir en la economía.

Al mismo tiempo, el hecho de que exista el sector público nos hace pensar en un conjunto de pagos de transferencia que realiza sobre la economía. En este caso no se hablarían de renta, sino de redistribuciones de renta, siendo las más importantes las diferentes subvenciones que se realizan sobre áreas geográficas, sobre sectores de población, sobre sectores económicos, entre otros.

Otro aspecto serían los intereses de la deuda pública que son importantes en estos momentos dado el endeudamiento que tienen las economías. A su vez, convendría dar una pincelada sobre los sistemas de seguridad social que conlleva a actividades que no son rentas sino transferencias.

Esto es muy importante en los sistemas de reparto puesto que, lo que recibe un pensionista, esa pensión no es una contraprestación o una renta, sino que, simplemente es una redistribución de renta desde las personas que cotizan en este momento y les llega a las personas que causan el derecho a la pensión. El hecho de que sean pagos de transferencia es lo que fundamenta que sea un mecanismo de solidaridad intergeneracional.

Economía abierta

Existen relaciones económicas con el resto del mundo en todos los países, esto da lugar a que una parte de la producción vaya destinada a satisfacer las demandas internas de otros países puesto que hay exportaciones y, al mismo tiempo, una parte de la demanda nacional es atendida, no solo por el producto nacional sino por el producto nacional de otros países puesto que hay importaciones. Vamos a ver, por lo tanto, el Producto Bruto Interno y Producto Nacional Bruto (PNB)

El Producto Bruto Interno (PBI) es aquel que se genera dentro de las fronteras económicas de un país, por lo tanto, no plantea ningún problema de cálculo o ajuste, por esto, a efectos coyunturales, es la variable o macromagnitud básica más utilizada.

El Producto Nacional Bruto (PNB) es el PBI más la renta de los factores nacionales en el extranjero (rfn) menos la renta de los factores extranjeros dentro del país (rfe). Esto es un ajuste de tipo jurídico complejo que, en la práctica, las estadísticas internacionales hablan de residentes y no residentes, por lo tanto, el PNB será el PBI más la renta de los residentes menos la renta de los no residentes. Es preciso mencionar que convencionalmente un residente es el que está seis meses y un día en un país.

$$PNB = PBI + rfn - rfe$$

Una vez descrito el PBI y el PNB, tenemos de forma simplificada una ecuación de la renta o el producto, según de lo que se mida, que es es igual al consumo (C) más la inversión (I), más saldo neto exterior que es igual a las exportaciones (X), menos las importaciones (M).

Ecuación básica (lado de la demanda o gasto):

$$Y = C + I + (X - M)$$

De esta ecuación macroeconómica básica, se puede pasar, como hemos visto, a bruto y neto según tengamos en cuenta la depreciación o no, a nacional interior según tengamos en cuenta las rentas de los residentes, a costos de factores o a precios de mercado según tengamos en cuenta los impuestos indirectos netos, renta total, renta disponible, entre otros.

El cuadro macroeconómico

La ecuación básica descrita es lo que llamamos "el cuadro macroeconómico" visto desde el lado de la demanda, por lo tanto, el producto según su consideración, es decir, producto, renta, gasto, siendo equivalentes, es igual a:

- **Consumo,** que habitualmente se subdivide entre consumo privado, que son el gasto en consumo final de los hogares, más el gasto en consumo final de las instituciones sin fines de lucro al servicio de los hogares, y el consumo público que es el gasto realizado por el Estado en sus diferentes instituciones en el ejercicio de sus actividades corrientes.

• **Inversión,** que reviste dos modalidades, la formación bruta de capital fijo, también llamada inversión fija, y la variación de existencias. El capital fijo, a su vez, se suele desglosar en bienes de equipo, construcción y otros productos.

• **Saldo neto exterior,** que comprenden las exportaciones y las importaciones.

Todo ello nos da la demanda interna, que es igual a la inversión más el consumo; y el saldo neto exterior, que son las exportaciones menos las importaciones.

Explorando a más detalle el cuadro macroeconómico, esta puede ser vista desde tres lados, por medio de la demanda o gasto que ya ha sido revisada, por el lado de la oferta, que mira el producto en base al valor añadido de los distintos sectores y, finalmente, por el lado de la distribución o desde el lado de las rentas, siendo la remuneración de los factores.

Por otro lado, existe una importante relación entre el Producto Bruto Interno (PBI), la Renta Nacional Bruta (RNB) y la Renta Nacional Disponible Bruta (RNDB). Es preciso indicar que todas estas variables agregadas se encuentran en valores brutos, es decir, sin calcular la depreciación.

El Producto Bruto Interno (PBI) calculado por cualquiera de los 3 métodos que ya conocemos, añadida las rentas netas con el resto del mundo, es decir, rentas pagadas y recibidas del resto del mundo, generaría la Renta Nacional Bruta (RNB). Por su parte, si también consideramos las transferencias netas con el resto del mundo nos encontraremos con la Renta Nacional Disponible Bruta (RNDB).

Usos del Producto Bruto Interno (PBI)

El PBI cuenta con dos grandes usos, por una parte, para hacer comparaciones en el tiempo, por ejemplo, ver si una economía en particular a crecido respecto al año anterior y, por otro lado, para hacer comparaciones en el espacio como comparar el tamaño de la economía del país A respecto al tamaño de la economía del país B. Sin embargo, cada una de ellas nos plantea una serie de problemas que vamos a deslindar para poder ser cuidadosos en su utilización:

- **Comparaciones en el tiempo.** Supongamos que en un país concreto hay una variación del PBI de un año respecto a otro, de tal forma, observamos que ha crecido un 3,4% en términos corrientes, es decir, valorado por cada año. Ahora bien, surgen las siguientes interrogantes ¿cómo sabemos que ha crecido de forma real la producción nacional?, ¿ha aumentado el volumen de producción un 3,4%?, ¿el crecimiento se debe solo a un aumento de los precios?, ¿cómo sabemos lo que han variado los precios?, ¿ha aumentado o ha disminuido el PBI real?

El hecho de que nos aparezca un 3,4% no quiere decir, necesariamente, que haya crecido ese porcentaje en términos reales, por lo tanto, necesitamos separar la variación debido solo a los cambios en los precios, de la variación debido a los cambios en las cantidades.

Para poder distinguir la variación real de la producción de la variación de los precios, tenemos que realizarlo en términos nominales o corrientes, distinguirlo en términos reales y ver los precios (el deflactor implícito). Para ello, utilizamos un índice de precios, que nos permitirá separar la variación real la de los precios.

Generalmente, la respuesta básica sobre qué índice de precio tendríamos que utilizar, sería el Índice de Precios al Consumo

(IPC), ya que este índice tiene una gran perfección técnica y es muy controlado internacionalmente, pero, este índice, solo refleja una parte pequeña del PBI que es el consumo, mientras que, para este caso, tenemos que tener un índice que refleje el PBI en su totalidad, es decir, todos los precios de la economía, por tanto, el IPC no es útil para deflactar la serie histórica.

Entonces, tendríamos que construir un índice especial, que sería "el Deflactor". Para ver cómo se elabora este índice, veamos un ejemplo:

Economía con 2 sectores

	(1) PRECIO PERIODO BASE (100)	(2) PRECIO EN PERIODO 2	(3) PONDERACIÓN	(2)*(3)
Automóviles	100	100	10	1,000
Camiones	100	200	1	200
			11	1,200

Supongamos una economía muy sencilla de solo dos sectores, por una parte, el sector de automóviles y, por otra, el sector de camiones. El precio para el periodo base de ambos sectores es de 100. Se observa que, para el siguiente periodo, el precio para el sector automóviles sigue siendo igual al del periodo base, mientras que para el sector camiones, el precio se duplicó a un valor de 200.

Como resulta que hay 10 automóviles por cada camión, realizamos una ponderación y, aplicando la fórmula, nos encontramos con que, el índice resultante es 109. Esto nos dice que, en esta economía simplificada, los precios globales habrían subido un 9%, siendo este el deflactor.

$$\text{Índice de precios para el periodo 2} = \frac{1{,}200}{11} = 109 \quad \text{DEFLACTOR}$$

En una economía real, como es sabido, no son solo dos sectores, sino muchos más, donde el deflactor calcula a todos ellos. Por lo tanto, los valores reales se calcularán a partir de los nominales. Siguiendo la fórmula, el PBI real del año 2 será igual al PBI nominal del año 2, dividido por el índice de precios que, de acuerdo a nuestro ejemplo, el índice de precios es 109.

$$\textbf{PBI REAL} = \frac{PBI\ NOMINAL}{INDICE\ DE\ PRECIOS} \times 100$$

Esta es la forma como se venía haciendo tradicionalmente, pero existe otra fórmula más sencilla que se utiliza hoy en día, y estamos hablando de los volúmenes encadenamos. Esta fórmula trata de tomar los datos del año 2, pero con los precios del año 1, con lo cual, evitamos la distorsión de la variación temporal de los precios. Veamos un ejemplo:

	AÑO 1			AÑO 2			Crec. Físico	Crec. nominal	Valor producc. Año 2, al precio del año 1	Crec. real
	PRODUCCIÓN	PRECIO	VALOR PRODUCIDO	PRODUCCIÓN	PRECIO	VALOR PRODUCIDO				
Manzanas	1,000	9	9,000	980	10	9,800	-2.0		8,820	
Peras	500	8	4,000	480	9	4,320	-4.0		3,840	
TOTAL	1,500		13,000	1,460		14,120	-2.7		14,660	
PBI nominal			13,000			14,120		8.6		
PBI real			13,000						14,660	-2.6

El ejemplo supone a un país de dos sectores, uno de manzanas y el otro de peras. El valor de producción para el año 1 es de 9,000 para el sector manzanas y 4,000 para el sector peras, generando un PBI nominal de 13,000 y un PBI real de igual cantidad, porque estamos hablamos del año inicial o año base, es decir, no existe variación de precios.

Por su parte, para el año 2 observamos que el valor de producción es de 9,800 y 4,320 para el sector manzanas y peras, respectivamente. Se observa en este periodo, una variación de precios por cada sector, encontrándonos con un PBI nominal de 14,120, aumentando en un 8,6% respecto al año 1.

Ahora bien, para calcular la serie de volúmenes encadenados, se utiliza la producción del año 2, pero a los precios del año 1, arrojando un valor de -2,6%. Este resultado nos muestra que esta economía ha disminuido en un 2,6% su crecimiento en términos reales o constantes, es decir, no ha crecido; aunque, en términos corrientes o nominales, haya aumentado un 8,6%.

- **Comparaciones en el espacio.** Cada país tiene una valoración a precios de mercado, es decir, los ingleses lo tienen en libras esterlinas, los norteamericanos en dólares, los peruanos en soles, por lo tanto, ¿es posible establecer una comparación utilizando el tipo de cambio?, y la respuesta sería que no es posible, ya que, por ejemplo, ante una devaluación en una noche del 5% de la libra esterlina respecto al euro o del dólar, no significaría que el PBI del Reino Unido haya bajado ese 5% en esa noche, por tanto, para evitar estas distorsiones del de los tipos de cambio y también el efecto distorsionador de los distintos niveles de precio, se utiliza la paridad de poder de compra o Paridad de Poder Adquisitivo (PPA), convirtiendo las monedas en una divisa común, eliminando las diferencias sobre niveles de precios.

Otros problemas de medición

Acabamos de ver los problemas suscitados en la medición, tanto de las comparaciones intertemporales, como las comparaciones interespaciales, así como las soluciones adoptadas en cada caso. Aun así, subsisten otros problemas de medición que enumeraremos a continuación de una forma panorámica:

- **El PBI no incluye, en principio, los bienes y servicios que no pasan por el mercado,** por ejemplo:

  ♦ El trabajo doméstico, que no es reflejado en principio en las estadísticas oficiales del PBI.

  ♦ Los bienes de segunda mano, porque ya fueron incluidas en el PBI cuando fueron creados, pero no aparecen en las transacciones posteriores.

  ♦ Las operaciones de trueque sin uso del dinero.

  ♦ El autoconsumo agrícola en general.

Sin embargo, en las nuevas revisiones, por ejemplo, en la metodología SEC-2010, que es el sistema europeo de cuentas, ya se incorporan estimaciones de actividades que no estaban antes incluidas, incluso de algunas de actividades ilegales antes omitidas.

- **Los precios de mercado no representan la contribución al producto nacional.** Esto es debido a que los precios de mercado se originan en los mercados microeconómicos en función de la oferta y la demanda, por lo tanto, el que un precio de un producto suba o baje no quiere decir que el producto contribuya más, físicamente, a la producción nacional, o menos. Esto es una distorsión importante pero inevitable si queremos utilizar un método de valoración como son los precios de mercado.

- **No incluye aspectos de mejorar/empeorar el nivel de vida.** Por ejemplo, el ocio no es contemplado en el PBI, es decir, si dos países con la misma población y el mismo PBI, pero uno de ellos consigue ese nivel de PBI con un ocio muy importante de sus ciudadanos, y el otro, en cambio, lo haga a través de unas jornadas arduas de trabajo. Esto no es reflejado en el PBI.

- **No considera las externalidades de la actividad sobre el medio ambiente.**

- **No mide la desigualdad de la renta ni de la riqueza.**

- **Al ser el PBI un flujo, está desvinculado del stock, por lo tanto, no considera el stock de riqueza del que se nutre, y que se va agotando para sucesivos flujos de renta.** Por ejemplo, pensemos en países con actividades extractivas, como el oro, cobre, petróleo, entre otros, aspecto muy importante en Latinoamérica, y obtienen un alto PBI cada año por su importante renta, pero se está derivando del agotamiento del stock de riqueza, por lo tanto, no se contemplan los stocks dentro de los flujos, siendo un problema serio de medición.

- **Una parte significativa del PBI permanece oculta a las estadísticas.** Siendo estas, todas las actividades de la economía sumergida, que viene a ser el volumen total de dinero negro que circula en un país, es decir, el conjunto de transacciones monetarias no declaradas de forma correspondiente a las autoridades fiscales o monetarias competentes.

PBI y Bienestar

Aunque parezca mentira, todavía proliferan personas que, imbuidas de un mesianismo propio de las personas poco documentadas, arremeten en contra el PBI porque, según dicen, no mide bien el bienestar, ni tampoco la felicidad. Es claro que no lo mide y no lo pretende medir. Es una vieja cuestión resuelta por los economistas hace muchas décadas, con ejemplos como el famoso artículo de 1972 de Williams Nordhaus y James Tobin, este último, premio nobel de economía, que advierten de las insuficiencias de usar una sola macromagnitud como el PBI.

El PBI es una descripción de la producción total de un país que ayuda a establecer políticas económicas. El problema es que se ha tomado indebidamente como medida del bienestar, por parte de políticos, ciudadanos y mercados financieros.

El PBI tiene un uso analítico y técnico que es el que hemos venido utilizando a lo largo de este apartado que lo hace herramienta imprescindible para entender cómo funciona la economía.

Además, tiene un uso normativo en el sentido de los economistas y no en un sentido jurídico, es decir, lo que debe ser frente a lo que es, y se usa como criterio para valorar la labor del gobierno, para juzgar el desempeño de una economía, para establecer comparaciones internacionales en rankings según los distintos volúmenes del PBI, etc. Es un uso no genuino, naturalmente.

Además, hemos visto que se utiliza de una forma impropia y espuria para medir el bienestar. Cosa que sabemos que no es así. Existen, por lo tanto, distintos proyectos que tratan de salirse del campo estricto de la economía para incluir otros aspectos más relacionados con el bienestar, incluso a veces con la felicidad.

Podemos citar el índice establecido por el Banco Mundial que lo viene calculando regularmente desde el año 2006 que es el "Ahorro Neto Ajustado", el cual pretende incluir cambios en el capital material e inmaterial de la ecuación. Se calcula con los ahorros nacionales netos de un país, restando el agotamiento de los recursos naturales y sumando el gasto en educación. Es un porcentaje del Producto Nacional Bruto, pretendiendo mostrar el cambio en la disponibilidad de los distintos tipos de capital de un país al final del periodo. Un cambio positivo indicaría un desarrollo sostenible y, un cambio negativo indicaría un desarrollo no sostenible.

Tenemos, además, un índice muy extendido y común hoy día, porque se elabora desde el año 1990, que es el Índice de Desarrollo Humano (IDH), desarrollado por Amartya Senen, premio nobel de economía, entre otros.

Enfatiza las condiciones sociales para evaluar el nivel de desarrollo de un país. Además, de tener en cuenta los aspectos del PBI, puesto que, considera el ingreso per cápita, incluye también expectativas de vida, es decir, esperanza de vida, nivel de educación escolar y otros aspectos relevantes para medir el desarrollo, pero no mide la sostenibilidad, pues carece de indicadores medioambientales, aun así, es muy extendido y de mucha utilidad.

Otro estudio, respecto al tema del bienestar sería el de la Comisión Stiglitz-Sen-Fitoussi, la cual establece métricas de siete categorías: salud, educación, medioambiente, desempleo, bienestar material, conectividad personal y compromiso del comportamiento político.

De todas formas, constata la dificultad de evaluar la degradación del medio ambiente y también de evaluar los indicadores sociales y los emocionales, que sabemos que son muy relevantes a la hora de medir el bienestar y la felicidad.

Tenemos el (GPI) o Índice de Progreso Auténtico, que se compone de 26 indicadores. A su vez, tenemos el (GNH) o Índice de Felicidad Nacional Bruta basada en el modelo de Bután, el país asiático.

Y, por último, tenemos el Índice de Progreso Social (SPI, por sus siglas en ingles), que es una organización sin ánimo de lucro. La idea surge de un grupo de trabajo del word economic forum, basándose en tres grandes dimensiones que serían las necesidades humanas básicas, los fundamentos del bienestar y las oportunidades; a su vez, cada una se subdivide en un conjunto de factores, por su parte.

He aquí entonces, la visión económica de los contenidos del PBI. Si queremos llegar a contemplar el bienestar económico debemos excluir cosas de dicha variable que no significan bienestar y atender a otras como el ocio, la riqueza, que no están en el PBI, y otros fenómenos relacionados con el bienestar económico y con las condiciones de vida.

Finalmente, si buscamos avanzar hacia el concepto de felicidad, tendríamos que contemplar variables como la genética, familia, actividades, amigos, satisfacción laboral, vínculos comunitarios, y añadir otras cosas, tarea que se ocupa la psicología positiva.

Por tanto, los distintos indicadores que hemos mencionado antes tratan de extender la medición del bienestar más allá de los límites de la contabilidad económica, pues vemos que el PBI es solo una parte modesta de todo el entramado que conforma el bienestar y la felicidad de las personas.

La función de consumo

Cuadro 01: Peso del consumo en la economía

	% del PBI		
	Consumo privado	Consumo público	Consumo TOTAL
MUNDO	58	17	75

Fuente: Reporte ONU para el 2018

El cuadro 01 muestra que el consumo representa tres cuartas partes de toda la economía, de acuerdo a ello, nos podemos preguntar ¿es mejor vivir en el país que tenga un alto consumo relativo o en el que tenga menos consumo?

Cuadro 02: Peso del consumo en la economía

	Consumo privado	Consumo público	Consumo TOTAL
	% del PBI		
MUNDO	58	17	75
Alemania	55	19	74
España	58	19	77
EE.UU	68	15	83
Burundi	77	21	98
Zindawe	88	24	112

Fuente: Reporte ONU para el 2018

En principio, cabe pensar que es preferible vivir en un país con un alto consumo, pero, de acuerdo al cuadro 02, se observa que el país de Burundi, por ejemplo, su consumo total representa un 98% del PBI, prácticamente, toda su economía es consumo y, por su parte, Zimbabwe es mucho más que todo el PBI.

Esto no da un indicio de que no sería bueno vivir en un país donde todo va a consumo, porque solo se están cubriendo las necesidades de consumo básicas, y no queda nada para aumentar la capacidad productiva o la inversión, y poder disponer de más bienes en sucesivos periodos.

Por tanto, cualquier tipo de teoría y modelo explicativo del funcionamiento de la economía a través de la renta y sus fluctuaciones, debe partir del análisis de la función de consumo. Esto hace que las diversas teorías sobre el consumo y, en consecuencia, sobre su complementario que es el ahorro, se hayan constituido desde hace tiempo en el eje mismo del análisis de la economía. ¿Cómo funciona? ¿de qué depende el consumo? Estas y otras preguntas trataremos de responderlas repasando de manera sucinta algunas de las teorías que tratan de precisar esta importante cuestión.

Enfoque de corto plazo.

• Keynes, en su formulación simplificada postula que para el corto plazo, el consumo de un periodo depende de la renta de ese periodo, representada a través de la siguiente ecuación:

$$C_t = a + bY_t$$

C_t *Consumo del periodo t*
a *Consumo autónomo (independiente de la renta)*
b *Fracción de la renta al consumo marginal*
Y_t *Renta del periodo t*

Como se puede observar, el consumo depende de la renta, pero, existe una parte, que es el término , siendo un consumo autónomo, independiente de la renta, significando que, en cualquier economía, aunque no se produzca nada, siempre habrá un consumo inevitable para sostener a la población y, si no se producen bienes de consumo, recibirán de un sector exterior, por ejemplo, existiendo siempre una parte independiente.

La otra parte de consumo, reflejada en el término , sí depende de la renta pero, a través del parámetro b, que es la propensión marginal al consumo, donde Keynes postula que es positiva y menor que 1, es decir, el consumo de un periodo aumenta con la renta, pero en menor proporción con el aumento de la renta. Introduciendo el largo plazo, se mejoran los retardos temporales de una manera más realista, considerando que el consumo depende de la renta del período anterior.

$$C_t = a + bY_{t-1}$$

Enfoque de largo plazo

• A partir de los años 50s, las diversas teorías conectan al consumo con todo el horizonte temporal de la vida del agente económico, relacionándolo así con los períodos futuros. Es así que, el premio nobel de economía, Milton Friedman, establece la llamada hipótesis del "Ingreso Permanente", según la cual, la renta del individuo tiene un componente transitorio y otro permanente en el tiempo, por lo que, el consumo dependerá, no tanto del ingreso que se considere transitorio, destinado íntegramente al ahorro sino, al que se considera que será su ingreso permanente.

Ingreso corriente: $Y = Y^P + Y^T$

Consumo a largo plazo: $C = a \cdot Y^p$

• Más adelante, en los años 50s, James Duesenberry, divulgó su hipótesis del "Ingreso Relativo" a partir del llamado efecto demostración o efecto emulación. Según esta teoría, el nivel del consumo de un sujeto no depende solo de la cuantía absoluta de su ingreso, sino más bien, de la relación entre el ingreso propio y el de las personas con las que se relaciona y que tienen ingresos más altos.

• También, podemos considerar la teoría de Franco Modigliani que instaura la teoría del "Ciclo Vital", en la cual se señala que, el consumo depende, más bien, del ingreso de todo el ciclo vital del individuo y no solo de su ingreso en un periodo determinado, puesto que, el consumidor, ajusta su ahorro contemplando todo el periodo esperable de vida, teniendo en cuenta, a su vez, los períodos en que sus ingresos pueden estar debajo de sus gastos, como es el caso de las personas mayores, o en situación del infortunio momentáneo, como el desempleo u otros.

Esta teoría es importante y la tocaremos a más detalle, porque, hoy en día, la mayor parte de las hipótesis del mundo financiero parten de la teoría del ciclo vital, por ejemplo, las hipotecas a 40 años, los planes de pensiones privados, o los sistemas de seguridad social que tienen en cuenta ciclos largos de vida, ajustados conforme a cálculos actuariales.

Gráfico 07: El ciclo de vida de Modigliani (versión didáctica)

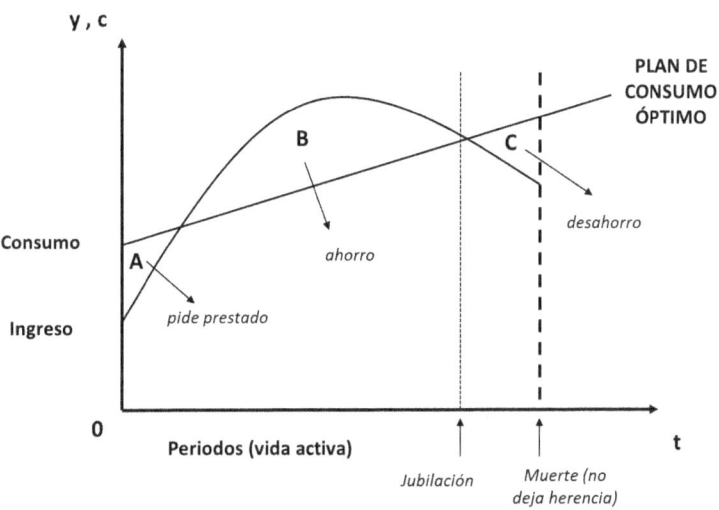

El gráfico 07 muestra de forma simplificada, la teoría de ciclo de vida de Modigliani, donde coloca en el eje horizontal la vida activa en el tiempo, y en el eje vertical el ingreso, consumo, ahorro, riqueza, medido en unidades monetarias.

El ingreso de un individuo, desde el momento de su vida activa, podría tener, aproximadamente, una trayectoria parecida a la curva del gráfico, por su parte, el consumo óptimo, es decir, el consumo total del ingreso, de tal forma que, al fallecer, no se dejen herencias, implica que al inicio del periodo de la vida activa el ingreso es más bajo que el propio consumo, por lo tanto, el individuo debe endeudarse. Después, existe un periodo de vida activa donde el ingreso es superior al consumo, habiendo posibilidad de ahorrar y, finalmente, hacia la situación contraria.

En el momento de la jubilación desciende el ingreso que se tenía habitualmente, suponiendo que no se dejan herencias, el sector A indica que el individuo pide prestado porque el ingreso no llega a cubrir el consumo del individuo, el sector B, indica que hay un periodo neto de ahorro dentro de la vida activa del sujeto y, finalmente, el sector C, indica que existe un desahorro. Es preciso indicar que este gráfico no es de autoría de Modigliani, sino que es una simplificación de carácter didáctico.

El gráfico 08, sin embargo, muestra una versión simplificada o básica de la teoría del ciclo de vida, según Modigliani. El gráfico explica que si el individuo mantiene un consumo aproximadamente constante a lo largo de toda su vida, nos encontramos con que su ingreso cubre el periodo de vida activa y tiene un ahorro neto respecto al consumo de ese momento. Esto hace que la riqueza acumulativa o ahorro capitalizado vaya creciendo hasta que, en el momento de la jubilación, alcance el máximo y a partir de ahí se va produciendo un desahorro que erosiona la riqueza acumulada en la vida activa hasta desaparecer completamente en el punto L que representaría el final de la vida.

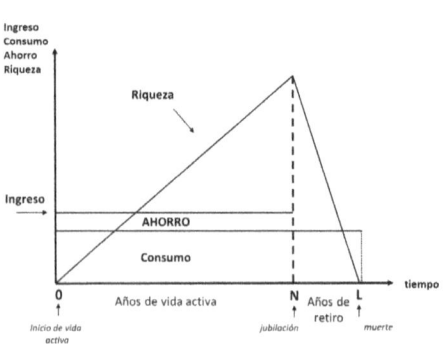

Gráfico 08: El ciclo de vida de Modigliani (versión simplificada)

Este análisis básico puede completarse incorporando cualquier nuevo elemento que se pueda reflejar en el gráfico, por ejemplo, la riqueza heredada, modificaría la recta de riqueza acumulada en la vida activa, se podrían incorporar también los sistemas de seguridad social, simplemente modificando el estatus del ahorro, una parte iría a seguridad social, y en la fase de desahorro se vería modificado con la pensión, haciendo que la riqueza al final de la vida sea positiva, entre otros.

• Se considera también los modelos "multigeneracionales, dinásticos o altruistas" puesto que, como hemos visto, Modigliani no enfatiza en el período post mortem, sino que suele considerar, aunque esto lo corrigió al final de su vida, que no se dejan herencias. Por lo tanto, los modelos multigeneracionales están incluyendo transferencias entre generaciones, haya o no herencias, pero hay que recordar que estas transferencias tienen, a veces, una doble dirección, no solo de padres e hijos, sino que pueden ser también de hijos a padres, en forma de regalos, cuidados especiales, entre otros.

Este modelo reviste dos modalidades, primero están las herencias, teniendo que distinguir distintos tipos, como las herencias accidentales o involuntarias, que se producen por exceso de acumulación de riqueza en la vida activa, debido al exceso optimismo sobre el momento de la muerte y a la aversión al riesgo.

Pueden ser también las herencias altruistas, donde la función de utilidad de los padres debe incorporar la función de utilidad de los herederos, descontada una tasa apropiada.

También, pueden ser las herencias con fines de intercambio, por ejemplo, intercambio puro, es decir, la herencia se usa como una parte de un intercambio de bienes y servicios entre quien acumula la herencia y sus herederos, estos se ocupan de los gastos de los padres durante la jubilación a cambio de la herencia, como en algunos contratos de seguros, siendo esta la forma típica de la familia tradicional.

Pero también, hay otro intercambio posible que es más estratégico, que se basa en la amenaza de desheredar a un hijo a favor de otros y que actúa de estímulo para que cada hijo cuide a los padres, modelable económicamente bajo la teoría de juegos.

En segundo lugar están las donaciones inter vivos que son aquellas en las que el donante cede parte de su patrimonio sin causa de su fallecimiento, sino que produce sus efectos entre vivos y se regirán por las disposiciones generales de los contratos y obligaciones en todo lo que no se halle determinado expresamente para ellas en el Código Civil. Estos modelos pueden tener más peso que las propias herencias. Hay datos que, incluso, evidencian que las donaciones inter vivos suponen la gran mayoría de todas las transferencias intergeneracionales en el caso de los EEUU.

La distribución de la renta

El tema sobre la distribución de la renta se ha enfocado, a veces, como un asunto de la llamada economía normativa, puesto que quedan implicados los juicios de valor sobre equidad, justicia y eficiencia. Es cierto que el tema se halla bajo las coordenadas de dos posibles debates o conflictos, por una parte, el económico, con el debate entre eficiencia y equidad, la vieja colisión entre la igualdad total y el mantenimiento de los incentivos económicos, y, por otra parte, el político e ideológico que subyace tras confrontar las políticas redistributivas con la justicia social e incluso con la libertad.

En todo caso, hay consenso en que una distribución de la renta muy desigual resulta perniciosa para el funcionamiento de la economía en su conjunto, incluso, con independencia de otras consideraciones de justicia o de tipo ético.

Existe un dato muy interesante para destacar la relevancia del tema de la distribución de la renta y los análisis de la desigualdad, que es el caso del Fondo Monetario Internacional (FMI). Su mandato, como se sabe, desde su fundación en Bretton Woods en 1944, ha pasado a centrarse, en primer lugar, en la estabilidad de las cuentas exteriores de las economías de todos los países del mundo, en particular, de vigilar sus balanzas de pagos.

Recientemente, tras la crisis del 2007, el nuevo Grupo de los 20 o "G20" le asigna un papel preponderante en la estabilidad macroeconómica de la economía internacional, por tanto, se ha ocupado de tareas de vigilancia exterior, al principio, y de vigilancia macroeconómica más recientemente.

Pero ahora, surge una nueva preocupación que le ocupa y son los temas de equidad en la distribución de la renta, ya que se ha visto que son centrales para conseguir los otros objetivos. Veamos un tema de máxima importancia y actualidad, como es, la distribución de la renta.

Para analizar la distribución de la renta real, existen diferentes visiones, una de ellas es la visión sectorial o de distribución entre sectores productivos, otra sería la distribución funcional entre factores de producción, otra la distribución espacial entre los territorios o la economía regional, y finalmente tendríamos la visión personal. Por tanto, veamos los métodos de medición que se establecen habitualmente:

- **La distribución primaria o funcional de la renta nacional.** Trata de analizar la distribución entre los factores productivos y la remuneración que obtienen como contraprestación al producir el bien o servicio

- **Ratio de quintiles.** Este indicador es un cociente donde el numerador está un quintil superior, es decir, la renta del 20% de la población con la renta más alta y el denominador es el quintil inferior, en otras palabras, la renta del 20% de la población con la renta más baja, por lo tanto, el cociente nos indica el número de veces que el quintil superior supera al quintil inferior, con lo cual, un ratio más alto, significará más desigualdad.

• **Indicadores de pobreza.** Sobre este tema hay una gran confusión, puesto que, existen muchos indicadores diferentes y no se utilizan adecuadamente por parte de los medios de los gobiernos, políticos, entre otros. Existen diferentes conceptos de pobreza, entre ellas tenemos:

♦ **La pobreza objetiva:** Determina la situación de pobreza de un individuo y/o familia en base a criterios objetivos externos y únicos. Cuenta con dos puntos de vista, una es la pobreza absoluta, que es la situación en la que no están cubiertas las necesidades básicas del individuo y/o familia, es decir, existen carencias de bienes y servicios básicos como alimentación, vivienda y vestido. Por otro lado, tenemos la pobreza relativa, que es la situación de una persona con desventaja económica y social respecto al resto de las personas de su entorno, por lo tanto, estableceríamos el porcentaje de algún tipo de medida de la distribución de la renta, por ejemplo, la media o la mediana, teniendo en cuenta que esto es relativo, es decir, dependerá de la sociedad de la que estemos hablando.

♦ **La pobreza subjetiva:** Es simplemente, la opinión de los propios individuos y/o hogares sobre su propia situación a través de instrumentos de recolección de datos, como encuestas, entre otros.

♦ **La pobreza carencial o privación multidimensional:** Es un concepto vinculado con la exclusión social y relacionado con la privación o falta de acceso a ciertos bienes y servicios que se consideran necesarios por la sociedad que pueden no ser de primera necesidad.

Se mide con variables no monetarias e indicadores de privación de diferentes tipos, como la disponibilidad de ciertos bienes del tipo duradero en el hogar, conduciéndonos a un indicador que es el riesgo de pobreza y exclusión social utilizado constantemente, y que se compone, a su vez, de tres subindicadores. Por una parte, la tasa de riesgo de pobreza después de transferencias sociales que considera a aquellas personas cuyos ingresos son inferiores al 60% de la renta mediana disponible equivalente. Por otro lado, la carencia material severa de bienes que está compuesta de 9 tipos de bienes, considerándose en riesgo de pobreza, si se carece 4 de los 9, y, finalmente, aquellos hogares que presentan una baja intensidad laboral, es decir, trabajan a lo largo del año menos del 20% de su potencial total de trabajo.

Este indicador del riesgo de pobreza, a veces se confunde con la pobreza real, es decir, con el no disponer de medios de subsistencia básicos, siendo errónea la afirmación.

- **El índice de Gini.** Es una medida económica que sirve para calcular la desigualdad de ingresos que existe entre los ciudadanos de un territorio, normalmente de un país. El valor del índice de Gini se encuentra entre 0 y 1, siendo cero la máxima igualdad (todos los ciudadanos tienen los mismos ingresos) y 1 la máxima desigualdad (todos los ingresos los tiene un solo ciudadano). Para estudiarlo, vamos a ver, en primer lugar, la curva de Lorenz, que nos servirá para su deducción.

Gráfico 09: La curva de Lorenz(Índices de Gini)

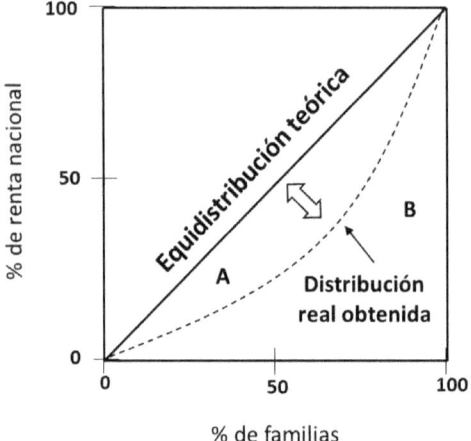

El gráfico 09 nos muestra en su eje horizontal el porcentaje acumulado de familias en una economía de una sociedad, y, en su eje vertical, el tanto por ciento de renta nacional. En el caso de que la distribución de la renta fuera de equidistribución teóricamente significaría que estaríamos en esta recta que corta a la mitad del gráfico, de tal forma que el 10% de familias tendría el 10% de la renta, el 50% de las familias tendrían el 50% de la renta y así sucesivamente. Por otro lado, al observar la realidad, la distribución obtenida (curva punteada) se aleja a una distancia entre la recta de distribución teórica.

A partir de aquí es muy fácil de deducir el coeficiente de Gini, puesto que, el coeficiente es el cociente del área A respecto al área B, de tal forma que un valor de 0 significaría perfecta igualdad, y un valor a 1, perfecta desigualdad o concentración de la renta. Ahora, para pasar al índice de Gini, solo tendríamos que multiplicar el coeficiente por 100.

Hasta ahora, hemos visto el análisis y los métodos más habituales de la distribución real de la renta, por lo tanto, es pertinente preguntarnos ¿cuál es la distribución deseable de la renta? ¿quién decide cuál es la distribución que una economía prefiere en un momento determinado? Para dar respuesta a estas interrogantes, entraremos en aspectos puramente normativos que implican juicios de valor sobre el concepto de la igualdad y la justicia, y poder entrar en colisión, con el compromiso entre la eficiencia y la equidad, un viejo conflicto entre igualdad total y el mantenimiento de los incentivos económicos.

Lo cierto es que en un sistema actual de nuestras sociedades son los sistemas democráticos los que van decidiendo en cada momento a través de los mecanismos de elecciones, de preferencias del público y de los políticos, que van decidiendo en cada momento en la distribución deseable. Hay momentos en la historia reciente que se han descuidado los aspectos más dedicados a la mejora en la distribución de la renta.

Por lo tanto, vamos a ver, una vez que se acepta un tipo de distribución deseable, qué mecanismos existen para alterar esa distribución existente. Esto implica valoraciones de juicios de valor e ideológicas sobre el grado de libertad, principalmente, en las que no vamos a entrar, pero es un tema que genera controversias habitualmente. Vamos a mostrar, simplemente, los mecanismos o políticas que tiene en su mano el sector público para cambiar la distribución real e ir acercándola a la distribución deseable en cada momento.

Política fiscal. Una de las políticas importantes del sector público son las políticas fiscales. Es preciso recalcar que lo fiscal no es lo impositivo, lo fiscal es ingresos y gastos, por lo tanto, tenemos toda la política presupuestaria que sirve para modificar la distribución de la renta en un momento determinado.

Intervenciones directas en el mercado. Este objetivo es otro conjunto importante. Aquí, el sector público entra en el mercado con políticas de rentas y con políticas de precios.

Políticas de redistribución de activos. Esta se considera como una política de redistribución mucho más excepcional y que son más beligerantes con la propiedad.

Por lo tanto, dado el interés que tienen las políticas redistributivas del sector público, vamos a poner más énfasis desarrollando cada una de ellas.

Las políticas redistributivas del sector público. Pretende disminuir la concentración de la renta que el mercado ha ido generando por sí solo, es decir, sin intervención. También, busca la igualdad de oportunidades de las personas. Finalmente, busca lograr la integración social de los excluidos o conseguir desarrollos inclusivos. Por tanto, tenemos diferentes actividades con objetivos, específicamente, redistributivos por parte del sector público.

Estas políticas, cuentan con tres grandes bloques de medidas:

- **La política fiscal,** en el sentido económico - presupuestario, es decir, en su doble vertiente, la política de ingresos o impositiva y la política de gastos.

  ♦ **Por el lado de los ingresos tendríamos,** por una parte, los impuestos indirectos, que estos no graban la capacidad de pago de modo directo, sino la expresión de esa capacidad de pago en el acto del consumo.

Son regresivos porque graban más a los que tienen una propensión mayor a consumir, resultando que, la propensión a consumir depende inversamente de la renta en la riqueza, por lo que, las personas con mayor renta tienen una mayor propensión a ahorrar y no tanto a consumir, por lo tanto, no son redistributivos.

Por otro lado, los impuestos directos, sí graban la capacidad de pago al momento de grabar el origen de las rentas de los factores. Tienen efectos redistributivos claves porque en la mayor parte de los países los impuestos a la renta, por ejemplo, son con tipos progresivos, eso significa que a medida que aumenta la renta, la escala de gravamen va adquiriendo progresivamente tipos más elevados.

- ♦ **Por el lado de los gastos** están las políticas de gastos y transferencias públicas. En ellas, se tiene en cuenta, los gastos para la mejora de oportunidades. Se trata de garantizar el acceso a ciertos recursos básicos que luego permitan obtener mayores niveles de renta, por ejemplo, servicio universal básico y gratuito de educación.

Contempla también los programas de seguridad social, para reducir la marginación y la pobreza, por ejemplo, el seguro de desempleo, las pensiones, tanto a la jubilación como la invalidez y los sistemas públicos de salud.

También, podemos citar a las transferencias generales, es decir, los subsidios a perceptores de rentas bajas con ayudas de todo tipo, como prestaciones, incluso en especie (vales de comida, transporte, entre otras).

Y, finalmente, las inversiones públicas de todo tipo, como la de infraestructuras de transporte y comunicaciones en escuelas, hospitales, entre otros, que son un mecanismo de primer orden en manos del sector público con fines redistributivos.

- **Intervenciones directas en el mercado.** Aquí, el sector público entra directamente en el mercado, regulando diferentes mecanismos como:

    - ♦ Los salarios mínimos que se dan en una gran parte de países.

    - ♦ Los precios mínimos, por ejemplo, los precios de garantía agrícola, practicada en los países de Europa.

♦ Las políticas de precios máximos, por ejemplo, precios máximos para productos básicos como los alquileres de vivienda.

♦ Las políticas de rentas, que trata de controlar las rentas de los perceptores, como los salarios, entre otros. Esto normalmente se suele considerar dentro de las políticas antiinflacionistas, viéndolo más adelante en ese contexto de una forma más explícita.

• **Políticas de redistribución de activos.** Hay que tener en cuenta que se da mayor concentración en la propiedad de activos, que en la distribución de la renta o de los ingresos, por lo tanto, hay casos más extremos y contundentes, como:

♦ Las reformas agrarias, cambio en el régimen de tenencia y explotación. Esto ha tenido una gran transición especialmente cuando en el mundo la mayor parte de la producción era agraria, siendo importante establecer políticas redistributivas de este tipo.

♦ La nacionalización de empresas.

♦ La confiscación o expropiación de activos.

Todo esto son casos más excepcionales y están vinculados con circunstancias históricas concretas, generalmente, de circunstancias bélicas o prebélicas, revolucionarias o similares.

Capítulo III

Marco Regulatorio
Del Sector Público
Y La Política
Económica.

La Política Fiscal

En este capítulo, veremos el contexto de la política económica general, centrándonos más en uno de sus brazos armados más importantes para manejar la economía, como es, la política fiscal.

Por ello, mencionaremos sus principales funciones, como es la financiación de la actividad del estado, la redistribución de la renta y la riqueza, que ya hemos visto con cierto detalle en el capítulo anterior; fijándonos con más detenimiento en otra gran actividad de la política fiscal como es el control del ciclo frente a las fluctuaciones económicas.

La intervención del Sector Público

En primer lugar, el estado fija la estructura legal básica y, por lo tanto, el control de los incentivos para los distintos agentes económicos, manejando de esta forma la economía, aunque no sea directamente.

En segundo lugar, el estado financia la actividad a través del sistema fiscal, no solamente con impuestos, sino también, con otros ingresos públicos.

En tercer lugar, se ocupa de la producción pública de bienes y servicios, sobre todo, de bienes públicos, como vimos ya en temas anteriores, aunque hay que tener en cuenta que no hace falta que los bienes que provee sean de producción con gestión directa pública, evidentemente. Otro aspecto sería, considerar los mecanismos redistributivos de renta o las distintas transferencias que están también en la base de la intervención del estado en la economía.

Tenemos también, como ya lo hemos citado, la amortiguación de las fluctuaciones económicas a través de los mecanismos que tienen en su mano el estado y, el estado, también dispone del monopolio del dinero, que es una característica importante.

En definitiva, estos aspectos de intervención del estado en la economía, que hemos visto ya algunos de ellos, nos vamos a fijar también en los mecanismos redistributivos de renta, a través de los impuestos, gastos y también las transferencias, cosas que hemos visto ya en el tema anterior con bastante detalle. Vamos a ver también, la amortiguación de las fluctuaciones económicas, desde la política fiscal, y más adelante hablaremos del dinero, la política monetaria y del sistema financiero.

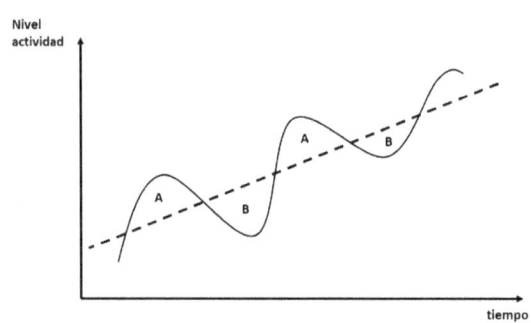

Gráfico 10: Comportamiento de la economía en el tiempo

La economía, a lo largo del tiempo, sufre diferentes fluctuaciones señaladas por la figura ondulada del gráfico 10, donde existe momentos de auge y momentos de recesión, a su vez, la línea punteada es la línea aproximada de tendencia. Si sabemos que el mercado no es capaz de regular y amortiguar los ciclos de la economía, entonces, ¿cómo el estado puede hacer que estas fluctuaciones mejoren o se amortigüen?

Lo que pudiera hacer el estado es que, en los momentos de recesión, introduzca una demanda adicional, es decir, utilizar una política fiscal incurriendo en déficit, gastar más de lo que ingresa y, de esa forma, estaría sosteniendo la demanda y produciendo un auge o mejora en la economía.

Pero ¿cómo lo financia? Se nos podría ocurrir que el estado lo financie con los momentos de auge, en aquellos momentos en los que el ciclo es alto (áreas representadas con la letra A), recaudando más dinero, pudiendo compensar los momentos de ciclo bajo, de tal forma que, estos déficits (áreas representadas con la letra B) se verán compensados aproximadamente. Es preciso mencionar que, la compensación es aproximada porque hoy en día se habla de una tendencia de déficit ajustado cíclicamente.

Todo esto parece muy razonable. Es lo que, de alguna forma, podría pensarse lo que proponía Keynes, pero tiene un pequeño defecto y es que, esto no funciona. Vamos a ver, por lo tanto, las distintas teorías respecto a las políticas anticíclicas.

- En primer lugar, tenemos las **lecciones de La Gran Depresión,** ocurrida entre los años 1929 y principios de los 30s, donde en aquel momento no había experiencia y Keynes aún no había publicado su libro.

En todo caso, lo que hizo el Gobierno de EE.UU en aquel momento fue comportarse como un prudente "padre de familia", de tal forma que, en cuanto vio que había una depresión, aunque como ya hemos dicho, en ese entonces no existían cuentas nacionales, es decir, no se conocía todavía el PBI, disminuyó el gasto, cortando inmediatamente todas las ayudas para ahorrar, eliminando gastos en subvenciones y ayudas a las personas más necesitadas.

Evidentemente, eso era lo que todo el mundo "esperaba" que hiciera el gobierno, ahorrar, provocando un hundimiento mayor todavía de la economía. Esta es una lección que se ha aprendido, ya que, luego de la gran recesión sucedida a inicios de 2007, esto no ha vuelto a suceder.

- **El fracaso de la propuesta de Keynes.** Veíamos en el gráfico anterior que la propuesta de Keynes había resultado en fracaso a lo largo de los años porque los gobiernos sí son capaces de incurrir en déficit en los momentos de recesión, pero cuando están en la fase de auge del ciclo y tienen superávits fiscales, no los utilizan para financiar el déficit, sino que bajan impuestos, por lo tanto, no funciona.

- Tenemos la propuesta de Milton Friedman, que consideraba que no se debe dejar a la discrecionalidad de los gobiernos las decisiones sobre el manejo de la política fiscal, sino que, deben ser algo automático, quedando en manos de los estabilizadores automáticos. **Los estabilizadores automáticos** son aquellos mecanismos que, por sí solos, actúan de forma anticíclica.

En la época de recesión, por ejemplo, disminuyen los ingresos públicos, aumentando la renta disponible de los consumidores y las empresas, pero, en la época de auge, de forma automática, los ingresos fiscales se verán aumentados, tanto por la mayor contribución de las empresas, que ahora tienen más beneficios, como por los particulares.

Esto es lo que realmente está funcionando en la mayoría de las economías en este momento, haciendo que las economías sean mucho más estables y que la gran recesión del año 2007 no haya ocurrido como pasó en los años 30s.

- Por otro lado, tenemos un análisis de **la práctica de los gobiernos en los últimos 70 años.** Como hemos venido diciendo, los gobiernos tienen una clara asimetría, puesto que, son capaces de incurrir en déficits, pero se amortiguan los superávits porque los hacen disminuir vía bajada de impuestos.

Aquí tenemos que citar la teoría del Public Choice. Fundamentalmente, instaurada por James Buchanan y otros, donde se dedica a analizar las imperfecciones del mercado político, analizando a sus participantes como los políticos, votantes, entre otros, pero, lo que considera es que, los políticos que son, en definitiva, los "policy makers", o los que toman las decisiones, no buscan los objetivos óptimos para la economía a largo plazo, sino que maximizan su función de utilidad personal a corto plazo buscando el máximo de votantes.

No reducen, por tanto, el déficit fiscal, sino que tenderán a ampliarlo, pues les da más votos. De ahí que, las medidas correctas se toman, generalmente, al principio de las legislaturas, pues, si se llegan a tomar al final, se perderían las elecciones. Proponen fijar, de antemano, unas limitaciones para el endeudamiento público, con el fin de disciplinar y evitar las malas prácticas de los políticos.

Aplicación:

El Pacto de Estabilidad y Crecimiento (PEC) de la Unión Europea

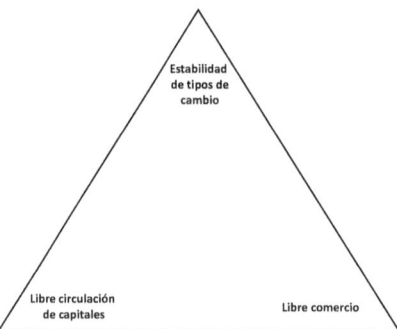

En la fase transitoria que marcaba el acuerdo Maastricht, para llegar a una unidad monetaria o a la misma moneda, era necesario estabilizar la economía y, de alguna forma, armonizar los tres ejes de este triángulo. Por una parte, se promovía el libre comercio y la libre circulación de capitales, pero esto conllevaba, en ausencia de una moneda única, una necesidad de estabilizar los tipos de cambio, pudiéndose disparar. Realmente, en los niveles de convergencia, el tipo de cambio era un aspecto central, no teniéndose en cuenta como criterio, puesto que las tormentas monetarias de los años 90s impidieron que se puedan cumplir.

Los tres vértices del triángulo podían existir, si las políticas económicas nacionales se coordinan adecuadamente. Hay que tener en cuenta que en ese entonces no había todavía moneda única. En caso de no coordinarse adecuadamente, se produciría una inestabilidad cambiaria, como la que sucedió en el verano del 93, encontrándose con un problema de difícil solución para seguir avanzando en la unión económica.

Actualmente, ya superada esa fase y ya estando en la unión económica y monetaria, nos tenemos que preguntar si de alguna forma las políticas económicas nacionales tienen autonomía.

Tras el euro, han desaparecido las políticas monetarias, puesto que, existe la política monetaria única y, en consecuencia, las políticas fiscales cobra mayor protagonismo en esta función estabilizadora que estamos analizando, dado que no existen políticas monetarias autónomas y, naturalmente, ha desaparecido el tipo de cambio como instrumento de ajuste ante las perturbaciones externas de la economía.

Esto significa que las políticas fiscales, que quedan como instrumento casi exclusivo de la regulación nacional, deben ser distintas según el grado de desarrollo y las condiciones de cada país, pero, no obstante, dados los claros riesgos de su imprudente función estabilizadora, como acabamos de ver, se introducen cautelas mediante el pacto de estabilidad, que resta, de alguna forma, flexibilidad al uso de políticas fiscales nacionales. La experiencia de esta crisis y de los momentos actuales ha puesto de relieve los graves fallos de este diseño.

El Pacto de Estabilidad y Crecimiento surge tras la adopción del euro después de Maastricht como método para reforzar la política fiscal nacional una vez desaparecida la soberanía de la política monetaria. Crece el déficit y la deuda tendencial en los países, tratando de contener la deuda para poder utilizarla en caso de recesión. Por lo tanto, el pacto de estabilidad y crecimiento limita al déficit a un 3% del PBI de cada país, y la deuda a un 60% del PBI. En caso de incumplimiento, la Comisión Europea abre un "Procedimiento de Déficit Excesivo" con una vertiente preventiva y con una parte correctiva.

Buscando el símil con el Pacto de Estabilidad, recordemos el episodio de Ulises y el canto de las sirenas que se relata en la Odisea. Ulises sabe que las sirenas seducen a los marineros con sus cantos para que encallen y mueran.

Ulises pide a sus tripulantes que lo aten al mástil del barco fuertemente y que ellos se taponen los oídos para que no puedan sucumbir ante el canto de las sirenas. Así, al pasar, Ulises pide desesperadamente que los suelten, pero ellos no lo oyen, logrando de esta forma atravesar el peligroso mar, de regreso a casa.

Esto es, a juicio propio, el Pacto de Estabilidad y Crecimiento. Como decía la teoría de la Public Choice, que, ideológicamente está en posiciones muy extremas frente al estado, pero que, en este caso, decía que deberían disciplinarse a los políticos a través de unas reglas de obligado cumplimiento. Esto es lo que hace el Pacto de Estabilidad de Crecimiento.

Son las ataduras que los propios políticos se ponen a sí mismos, para no oír los "cantos de sirena" del déficit y los halagos de los electores, de forma que puedan salir adelante con responsabilidad y llegar a buen puerto ante la incapacidad que ellos mismos sienten para poder incurrir en superávit en un momento determinado.

¿Por qué crece el déficit fiscal ante un ciclo recesivo?

Fundamentalmente hay dos razones:

- En primer lugar, los estabilizadores automáticos de los que hemos hablado hacen que, justo cuando es recesión, entren en juego de forma automática, sin tomar ninguna decisión especial, las autoridades solo tienen que ser permisivas y tratar de no entorpecer el funcionamiento de estos indicadores. Por el lado de los ingresos, ante la menor renta nacional, consecuente con la recesión, se producen automáticamente unos menores ingresos fiscales, tanto de las empresas que disminuyen su tributación por la disminución de sus beneficios, como es lógico, como de los consumidores a quienes la recesión les hace reducir su renta disponible, en parte, por el aumento del desempleo, y su gasto en la compra de bienes y servicios, con lo que disminuye también la recaudación pública por la tributación directa e indirecta.

Por el lado de los gastos, también actúan los estabilizadores automáticos, ya que toda la batería de gastos de protección social disponible en nuestras economías de bienestar se adquiere a velocidad acelerada. Un buen ejemplo sería la prestación por desempleo que normalmente va a una velocidad rápida, pero cuando hay recesión se acelera y aumenta las prestaciones por desempleo, con lo cual, están presionando hacia el déficit.

En ambos casos ayudan a una suavización de la caída de la renta disponible de la economía, que, sin estos mecanismos, sufriría una contracción mayor.

- En segundo lugar, las políticas que se aplican para la reactivación de la demanda ante una recesión mediante el aumento del gasto, en aplicación de políticas anticíclicas, y esto supone, naturalmente, un consiguiente aumento del déficit fiscal. Esto es lo que han aplicado todos los gobiernos en los años 2008-2009, incluyendo al gobierno de los EE.UU, que se guía en este sentido, a las recomendaciones Keynesianas formuladas.

Déficit público y deuda pública

Para financiar el déficit público hay varias posibilidades, una sería, actuar por el lado del gasto, es decir, recortando el gasto público y reduciendo así el déficit fiscal. En un contexto de recesión esta opción es problemática porque precisamente partíamos del objetivo contrario que era el aumentar el gasto o, al menos, no reducirlo para conseguir el sostenimiento de la demanda. Por lo tanto, una reducción brusca del gasto conlleva a efectos indeseados sobre la actividad, por lo que debería tener un ritmo muy medido y ponderado.

Otra alternativa sería **por el lado del ingreso.** Aumentar los ingresos por medio del aumentando los impuestos. Ahora bien, la subida de impuestos es algo a lo que son "alérgicos" los políticos, además, iría en contra del sostenimiento de la demanda, ya que conlleva una pérdida de renta disponible.

Otra alternativa tradicional es **la expansión monetaria,** recurrir el banco central. Crear dinero mediante la expansión monetaria que se produce con el recurso al banco central. Es una situación de facto que conduce a una situación inflacionista con desastrosas consecuencias para la economía.

Finalmente, otra posibilidad es buscar el **endeudamiento a través de la emisión de deuda pública**, que es la forma de financiarse a través de los mercados. Esta es la opción que mayoritariamente se elige hoy día en los momentos de recesión, aunque, tiene sus consecuencias, que son:

- La financiación a través de deuda pública supone un diferimiento del problema en el tiempo y, a veces, un agravamiento porque hay que pagar en los próximos años unos intereses que, a su vez, habrá que financiar.

• Supone también, una penalización hacia los gobiernos futuros e incluso hacia las generaciones futuras, a las que se obliga de forma coactiva, pues, no tiene ninguna capacidad de decisión, a financiar con mayores impuestos o bien con menores prestaciones sociales a la generación actual.

• Igualmente significa un aumento de la carga fiscal para los futuros presupuestos nacionales por el efecto que tendrá el pago de intereses de la deuda que hemos mencionado.

Acotaciones sobre los mercados de deuda pública

• No conviene confundir deuda pública con deuda externa. La deuda pública, es el total de deudas del sector público, tanto frente a los prestamistas internos como externos, mientras que, la deuda externa, es el total de deudas de un país frente al resto del mundo, tanto si es deuda pública o del estado, como si es de deuda privada.

• Una cosa es el costo medio de todo el montaje de la deuda vigente, o la deuda viva pública en un momento determinado, que es deuda emitida hasta 30 años, y otra cosa es el costo marginal de una emisión determinada, que es el costo de la emisión de deuda de esa en ese día. Por lo tanto, el costo medio está influido por toda la historia de las emisiones de la deuda viva en este momento, con independencia del costo de una nueva emisión al momento.

• Tampoco hay que confundir la deuda con el déficit. La deuda es la variable de fondo o variable stock, por lo que dependerá de los flujos de saldo fiscal, de déficit o superávit de los que se alimente. Si se produce un déficit fiscal o presupuestario, un flujo, y se recurre a financiarlo mediante la cuantía de deuda pública, el stock se elevará, en consecuencia, la deuda existente en un momento dado dependerá de los déficits incurridos en los períodos precedentes, es decir, es un fondo del que se alimentan los flujos anuales.

• No hay que confundir tampoco el déficit (o superávit) con el déficit primario. El déficit primario, es el resultado de restar al déficit normal el pago de los intereses de la deuda pública.

• También, es relevante distinguir entre el mercado de deuda primario y del mercado de deuda secundario. El mercado primario es el que cumple una función de financiación, es decir, obtener fondos de los inversores, por ejemplo, se da cuando el tesoro público de un país recurre al mercado para financiarse emitiendo nuevos títulos, como bonos, letras u obligaciones, y los inversores acuden a su compra, generalmente, por el sistema de subasta, generando así un tipo de interés que es el tipo de interés del mercado primario que mide el costo para el emisor y el rendimiento para el inversor.

Por otro lado, el mercado secundario es el dedicado a la compra-venta de estos valores que ya han sido emitidos en una primera oferta en el anterior mercado primario. Posibilita que los inversores tengan, por lo tanto, liquidez, y puedan intercambiar sus valores comprados en el mercado primario. En definitiva, el mercado primario cumple una función de financiación y el secundario una función de liquidez.

•No conviene confundir el déficit estructural del déficit cíclico, puesto que, el déficit estructural no incluye los ingresos y gastos de carácter cíclico, por lo tanto, hay que restarlo del déficit cíclico.

•Conviene comentar, otro efecto que tienen las emisiones de deuda pública en los mercados, que es el efecto "crowding out" o efecto expulsión, ya que en la captación de financiación en los mercados, el sector público compite deslealmente con el sector privado productivo, que es, en definitiva, quien realmente genera la actividad, el crecimiento y el empleo, pero, que se ve imposibilitado para poder competir en igualdad de condiciones frente a la solvencia y la liquidez de las emisiones de deuda soberana por parte de un estado desarrollado, por lo tanto, el sector privado productivo se ve expulsado y perjudicado en estos mercados, al captar fondos compitiendo con las emisiones públicas.

• Y, finalmente, es preciso comentar las diferencias del Spread o diferencial frente a la prima de riesgo. La prima de riesgo nos define la medida de la confianza o la percepción del riesgo que asigna a los mercados a la solvencia de la deuda de un país. Es muy importante a la hora de emitir deuda pública, no solo por el costo mayor que pueda tener una elevación de la prima de riesgo, sino también por la percepción de solvencia de ese país. Para más detalle, veamos un ejemplo:

RENDIMIENTO (%) DE LA DEUDA PÚBLICA A 10 AÑOS			
PAIS	Pasa del	al	Variación
España	5,40	6,10	+ 0.70
Alemania	3,00	2,50	- 0.50
Prima riesgo (diferencia)	240 pb	360 pb	120 pb

El cuadro muestra que el rendimiento en porcentaje de la deuda pública a 10 años en España era de 5.40% y pasó en pocos días a 6.10%, es decir, hubo una variación de +0.70%.

Por su parte, Alemania tenía un rendimiento de la deuda del 3.00% y baja a 2.50%, por lo tanto, disminuye en 0.50%, la prima de riesgo será la diferencia que existe entre el diferencial de España y Alemania, medidas en puntos básicos. Pasa la prima de riesgo, en estos pocos días, de 240 a 360 puntos básicos, es decir, varía un 120 pb.

Lo importante es tener en cuenta que, el aumento de 120 puntos básicos de España, en ese momento, fue debido a dos factores separados: 70 pb por aumento del costo de su deuda y 50 pb por disminución de deuda alemana.

La relación entre deuda pública y política fiscal puede verse fácilmente a través del siguiente diagrama:

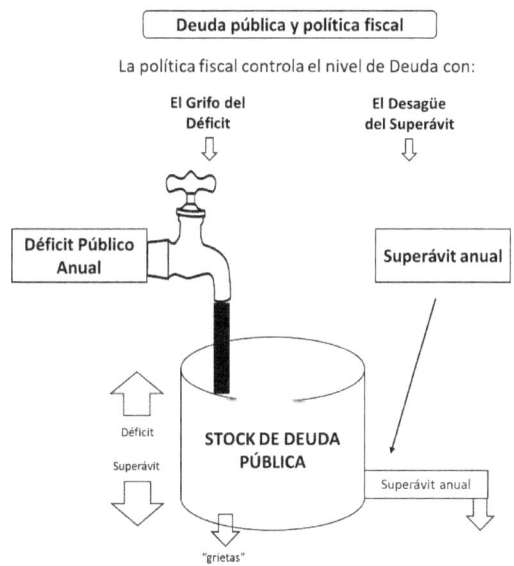

El tanque representa todo el stock de la deuda pública, por lo tanto, la política fiscal controla el nivel de la deuda con el "grifo" del déficit y el "desagüe" del superávit, de tal forma que aumenta el nivel del tanque o nivel de stock con el déficit, y disminuye el nivel con el superávit.

No obstante, la reducción del nivel de esta deuda que se representa con el gran depósito del diagrama, no se debe solamente al "desagüe" del superávit anual, sino que también pueden darse otras grietas, como pueden ser las ventas de activos públicos o patrimoniales, pero es así, siempre que los ingresos obtenidos se apliquen a la amortización de la deuda y no a gastos corrientes, y también puede darse en muchos casos más excepcionales, por quitas de acuerdo con los tenedores. Esto pasa en muchos países que tienen un stock excesivo de deuda pública que no hay forma de reducirlas.

Por lo tanto, este sería una visión general, sin embargo, ¿por qué a veces sube más la deuda que el déficit? Aquí, hay que tener en cuenta que, desde el punto de vista del ratio de deuda pública frente al PBI, se puede dar el caso de que el efecto denominador, es decir, el hecho de que el PBI nominal aumente, aunque no haya aumentado la deuda en épocas de crecimiento, hace que la deuda disminuya por sí sola y, al revés, en momentos de recesión y de disminución del PBI nominal, la deuda pública por sí sola crece, aunque no hubiera, hipotéticamente, existido un aumento del déficit público.

Capítulo IV

El Sector Monetario Y Financiero.

Política Monetaria

Ha llegado el momento de introducir el dinero y el lado monetario de la economía. Todo el mundo está familiarizado con el dinero, probablemente es el término económico más utilizado en las conversaciones, sin embargo, de forma paradójica, el dinero es el gran desconocido.

¿Qué es el dinero?, ¿quién lo emite?, ¿cómo se emite?, ¿debe tener respaldo metálico, generalmente oro, depositado en los bancos centrales?, ¿cómo actúa la política monetaria?

Todas estas son preguntas que pocos saben responder, aunque tengan una formación profesional acreditada. En este capítulo, trataremos de ir dando respuesta a estas cuestiones que son vitales para entender correctamente el entorno económico.

El dinero

El dinero es un medio de pago aceptado de forma general en una sociedad. Una forma de analizar el dinero es estudiando el sistema monetario, viendo qué partes componen el dinero y quiénes son los emisores de ese tipo de dinero.

En primer lugar, tenemos los billetes, que forman parte del dinero de la economía y son, de alguna forma, el dinero por antonomasia. Pero ¿quién emite los billetes? Realmente, los Bancos Centrales son los responsables de emitir los billetes en cualquier país.

Por otra parte, tenemos las monedas, que sirven para los intercambios y transacciones fraccionarias. Las monedas, desde el punto de vista cuantitativo, forman parte muy exigua en el dinero de la economía en estos momentos.

Por lo tanto, los billetes y las monedas forman parte del dinero efectivo de la economía, o el también llamado dinero legal, aquel que sirve para saldar las cuentas del estado de forma obligatoria. Pero ¿realmente esto es el dinero de la economía?, ¿hay algo más?, ¿las principales actividades, al margen de la economía sumergida, se realizan a través de dinero legal?, ¿todas las empresas compran sus materias primas o venden sus productos a través de efectivo?, ¿todos recibimos nuestros salarios, hoy día, a través de billetes?, y la respuesta a estas interrogantes es, no.

La parte más importante, casi mayoritaria, del dinero de la economía, son los depósitos a la vista, que es emitida por los bancos privados comerciales. Generalmente son las transacciones que se hacen movilizando esos depósitos a la vista.

El dinero no es la tarjeta, el dinero es el depósito movilizable a través de cheques, tarjetas o transacciones sofisticadas actuales a través de métodos electrónicos, por lo tanto, realmente el dinero son los depósitos a la vista porque tienen la confianza del público exclusivamente.

Evolución histórica del dinero

Se sabe que, en tiempos antiguos, no existía dinero, sino que, existía el trueque, teniendo grandes inconvenientes y dificultades en los intercambios. Esto no quiere decir que el trueque haya desaparecido, ya que, actualmente existen importantes operaciones internacionales generalmente por problemas de disponibilidad de divisas que se hacen también bajo el trueque.

El gran invento es, realmente, el dinero como tercera mercancía, es decir, en vez de intercambiar un producto por otro, vamos a intercambiar por una tercera mercancía. Probablemente, la invención del dinero es uno de los hitos de la humanidad que más han permitido el desarrollo económico, si no sería realmente inviable.

Es un avance, pero es muy difícil encontrar diferentes mercancías que cumplan la función de tercera mercancía, porque exige muchos requisitos, tiene que ser relativamente escaso, tiene que tener un peso y tamaño pequeño en relación a su valor, debe ser fácilmente transportable, fácilmente fraccionable, homogéneo como es natural y no perecedero, tiene que ser de emisión controlada, y muchos más requisitos que hacen que sea bastante difícil encontrar una mercancía que cumpla las funciones del dinero.

A lo largo de la historia y la geografía, se han utilizado corderos, por ejemplo, naciendo el término pecuniario, los romanos utilizaban la sal, de ahí viene la palabra salario, y se han utilizado todas clases de metales preciosos escasos y luego sucesivas a las aleaciones como el oro, la plata, etc. En definitiva, es un avance, pero todavía es insuficiente y es muy primitivo.

Se facilita el uso de estos metales si se acuñan en forma de monedas que tenían el sello de la autoridad que caracterizaba el peso y la pureza del metal. Hay varias etapas de su desarrollo. Al principio, las monedas valían exactamente su peso en el metal en que estaban fundidas, a modo de curiosidad, y de aquí la costumbre de ser acuñadas con estrías en los cantos, con el fin de ver su calidad, comprobando que no se había limado los cantos para extraer el polvillo del valioso metal que contenían. Es un bonito recuerdo histórico que aún se mantiene en monedas de algunos países.

Pasando a los billetes, es muy interesante ver su evolución histórica, de su origen de pleno respaldo o de plena convertibilidad en oro, hasta el mero dinero fiduciario de la actualidad. Una simple historieta de ficción nos ayudará a comprender mejor:

Imaginemos las transacciones todavía metálicas, por tanto, cada pago debía hacerse con una parte de metal, por ejemplo, con saquitos de oro. Era engorroso y peligroso por los posibles robos, difícil de medir y de pesar. Entonces, cabe una simplificación, donde se deposita esa pequeña cantidad de oro en la casa de un señor que sea respetable para toda la comunidad, y este señor emite a cambio un papelito como certificado por la cantidad de oro depositado; así se pueden hacer los pagos con esos papelitos y ya no hay que ir cargando el oro.

Acabamos de presenciar el nacimiento del papel moneda. ¿Cómo evoluciona esto? El señor depositario, es decir, el banco, observa que no todo el mundo viene a recoger el oro a la vez, sino que pueden emitir papelitos por mayor importe que el oro real depositado que sirve de contrapartida. Así, poco a poco, los billetes se van desvinculando de la contrapartida del respaldo del oro.

Existen recuerdos de billetes, por ejemplo, el caso de billetes de mil pesetas de España, donde podemos observar que, como era una ficción, todavía figura que el banco de España pagará al portador la cantidad de mil pesetas, siendo firmada por el gobernador, el interventor y el cajero.

Este caso pasaba en todos los países. En el caso de la libra esterlina, también había una promesa de pago de una cantidad determinada, e incluso los propios dólares incluían su convertibilidad en oro, no para los particulares, pero sí para los estados que lo reclamaban. Naturalmente, esto era una ficción, ya que era imposible que el gobierno de EE.UU dispusiera de tanto oro si le reclamaban los dólares emitidos, con lo cual llegamos a un momento o hito en el que se declara la no convertibilidad del dólar en oro por parte del presidente Nixon en el año 1971. Hemos llegado, por lo tanto, a un dinero puramente fiduciario, basado ya no en la contrapartida del oro, sino en la confianza.

En el caso del dinero bancario, hemos dicho que, como la mayor parte del dinero de la economía son depósitos bancarios a la vista, basados exclusivamente en la confianza que el público tiene en las instituciones bancarias, de ahí la importancia de preservar esa confianza, viendo más adelante cómo realmente se emite el dinero bancario por parte de las instituciones bancarias.

Por su parte, hoy en día se puede hablar de una evolución del dinero, a través de criptomonedas o monedas virtuales, a través de nuevas tecnologías del "blockchain", que permite intercambios seguros descentralizados, pero todavía está en una fase incipiente, aunque algunos lo ven ya más avanzado, pero en todo caso, el éxito de las criptomonedas se deberá exclusivamente por la confianza del público en el sistema.

En definitiva, sea cual sea la evolución histórica, el dinero y las nuevas monedas del futuro se sustentan solamente en la confianza o crédito del público. Pero, si estamos hablando de que el efectivo realmente es algo escaso, casi anecdótico desde el punto de vista cuantitativo ¿desaparecerá efectivamente?

El efectivo sigue teniendo ventajas importantes, es el único medio de pago instantáneo aceptado de forma universal, está al alcance de todo el mundo y, en cualquier circunstancia, el dinero electrónico también depende de conexiones del estado convirtiéndolo en un depósito de valor seguro, en todo caso. Tiene costos, no solamente los directos, por su complejo proceso logístico, fabricación, transporte, almacenamiento, tratamiento de billetes usados, sino por todo el circuito paralelo de seguridad que acompaña a todo este proceso y, naturalmente, tiene costos indirectos para la sociedad porque facilita la economía sumergida, de ahí que haya normativas para restringir cada vez más el uso del efectivo.

En el caso de las monedas virtuales, se han producido grandes avances tecnológicos con las tecnologías del blockchain en las criptomonedas, pero no cumplen, por el momento, con todos los requisitos del dinero, es decir, no son fácilmente accesibles, ni universalmente aceptables, ni capaces de almacenar valor de forma estable. Aun así, es cierto que tienen características propias del dinero como la durabilidad, la portabilidad, la fungibilidad, la escasez, la divisibilidad, recognoscibilidad, etc.

Por su parte, los medios de pago electrónicos, es cierto que crece su uso más que el efectivo, principalmente en los países más desarrollados, pero debemos tener en cuenta que realmente son depósitos bancarios a la vista que se movilizan de una forma tecnológicamente más avanzada e inmediata, pero no son una emisión específica.

Respecto a las otras monedas complementarias que con frecuencia se habla de ellas, están los bancos del tiempo, siendo el tiempo algo que tienen a su disposición muchos ciudadanos, por lo tanto, puede resolver problemas sociales si los intercambian con otros servicios.

Esto está avanzado en grandes ciudades como Nueva York, Tokio y algunos países europeos, pero en todo caso, no estamos hablando de una moneda que cumpla con todas las definiciones, sino que son aspectos complementarios, como también el WIR Bank Suizo que es una moneda completamente virtual y muy antigua que se creó en el año 1934, y otros ejemplos en el mundo muy interesantes como el caso de Kenia, que utiliza los saldos telefónicos, muy accesibles, con una gran red de poder comprar los saldos y movilizan el dinero por la mayor parte de la población.

Hay que tener en cuenta que, además, no exigen unas tecnologías muy avanzadas, ya que se basan en mensajes(sms), no haciendo falta de disponer de terminales telefónicos muy sofisticados.

¿Cómo se emite actualmente el dinero?

Veamos con un ejemplo cómo se emite hoy el dinero a través del proceso de creación del dinero bancario:

Imaginemos que hacemos un ingreso de mil dólares en efectivo en el banco "Usura S.A", este banco mantiene una parte en caja para cubrir el encaje, en este caso, supongamos que es 10% para simplificar los cálculos, por lo tanto, se queda con 100 dólares y el resto los utiliza para conceder un préstamo de 900 dólares a un panadero. Atención, acabamos de crear 900 dólares nuevos en depósitos a la vista.

No es que los 900 dólares que el banco le dio al panadero sean parte de los mil dólares que hemos ingresado; nosotros seguimos disponiendo de los mil dólares en efectivo, por lo tanto, el panadero, a su vez, ingresa esos 900 dólares nuevos en su banco, que en este caso lo llamaremos banco "Popular S.A" que, a su vez, este banco mantiene de nuevo el encaje del 10% y el resto, los 810 dólares, lo dedica a conceder un préstamo a otro señor.

Con ello, acaba de crear otros 810 dólares nuevos en depósitos a la vista, es decir, dinero exactamente igual que si fueran billetes en efectivo porque con esto se puede realizar toda clase de pagos en la economía. Y así sucesivamente, se va produciendo una cadena de sucesivos depósitos, creándose nuevos dólares en depósitos a la vista.

Al final, el propio sistema bancario en su conjunto transforma los iniciales mil dólares en efectivo que habíamos ingresado, en 10 mil dólares en depósitos a la vista porque el encaje era el 10%, siendo este el multiplicador del dinero bancario que veremos más adelante.

Por lo tanto, el coeficiente de caja determina el valor del multiplicador del dinero bancario. Hay, por tanto, un coeficiente técnico que es aquel que es imprescindible para poder atender sin riesgo las necesidades de ventanilla, y otro coeficiente de caja legal que es el que el banco central impone a los bancos y que sirve como instrumento de política monetaria para regular la liquidez del sistema.

Una parte hay que tenerla depositada en el banco central, en forma de reservas obligatorias que puede tener, a su vez, un tramo remunerado según países y momentos históricos.

Si una entidad bancaria no llega a cumplir el plazo medio asignado con el coeficiente y no puede cumplir con las reservas obligatorias, tendrá que acudir a un mercado interbancario en el que se prestan entre sí los bancos, ya que unos tendrán falta de liquidez, mientras que otros tendrán exceso.

En este mercado interbancario se genera un tipo de interés que es el interbancario. Si el tipo de interés interbancario se dispara significará que existe tensión de liquidez o una falta de liquidez que hace que unos bancos tengan que prestar a otros a un tipo (tasa) mucho más elevada.

En todo caso, de todo este proceso de creación del dinero bancario que venimos describiendo, se deduce que ningún banco del mundo, ni el más sólido, ni el más grande, ni el mejor gestionado, podría hacer frente a sus depositantes, si todos ellos fueran de repente a retirar sus depósitos. Para ello, necesitaría un tiempo para ir deshaciendo todas las operaciones de créditos.

Las funciones del dinero son:

- Es un medio de pago, sirve para hacer transacciones.
- Es una unidad de cuenta. No es que vayamos a hacer una transacción, sino que sencillamente queremos hacer una valoración de cualquier activo y lo hacemos en unidades monetarias o también, no es que vayamos a comprar un departamento, pero le damos una valoración en unidades monetarias. Normalmente, hay monedas

que han surgido, inicialmente, como unidad de cuenta y luego ya han sido una moneda, es el ejemplo del euro que al principio era el ecu, que era una cesta de monedas de otras monedas existentes, y tenemos también el caso de los derechos especiales de giro del Fondo Monetario Internacional, que es una cesta de monedas.

• Estas dos funciones son las tradicionales y las más consideradas hasta ahora, sin embargo, hay una tercera función del dinero que cobra una gran importancia al día, que es que el dinero, además, es un activo de reserva, un depósito de valor o una forma de mantener riqueza. La riqueza se puede mantener alternativamente en activos reales o financieros, pero también en dinero. Es cierto que el dinero no tiene rentabilidad, siendo el activo más líquido pero el menos rentable, pero es una forma de mantener riqueza.

El mercado de dinero

El mercado de dinero, así como los demás mercados que hemos hablado anteriormente, cuenta con dos componentes: la demanda y la oferta de dinero. Por su parte, los tres motivos que decía Keynes por los que el público demandaba dinero son:

• **Transacción.** El público demanda dinero para prevenir pagos y hacer frente a transacciones. Esto dependerá de una función particular de la demanda por motivos de transacción, que tendrá varios argumentos, por ejemplo, el calendario, si estamos en época de festividades navideñas, el público tendrá que hacer más pagos y, por lo tanto, necesitará demandar más saldos en dinero por motivo de transacción.

Otro argumento sería, ver la frecuencia del cobro salarial, es decir, el que cobra semanalmente su salario necesitará demandar menos, pues espera hasta el sábado y vuelve a tener liquidez, pero el que cobra mensualmente necesitará demandar más saldos en dinero.

También dependerá de la renta monetaria, es decir, el que tiene más renta monetaria nominal tendrá una mayor necesidad de demanda de saldos en dinero; y lo mismo puede suceder con el conjunto de la economía, ya que, en una economía que crece más, la renta monetaria también crecerá, por lo tanto, la demanda de dinero también crecerá por motivo de transacción.

Y, finalmente, tenemos entre otros argumentos el tipo de interés. La demanda de dinero por motivo de transacción será una función decreciente e inversa al tipo de interés, es decir, si mantengo saldos en dinero con unos tipos de interés, prácticamente, cero o muy bajos, me dará lo mismo y no pondré mucho cuidado porque mi costo de oportunidad es muy bajo.

Ahora bien, a medida en que los tipos de interés van creciendo, el costo de oportunidad crece progresivamente, puesto que me está costando la alternativa del propio tipo de interés, es decir, me está encareciendo el mantener saldos en dinero, con lo cual se tratará en reducir esos saldos, aunque, evidentemente se tendrá que demandar unas cantidades determinadas porque estamos hablando de que se tiene que prevenir pagos y tengo que realizar, por ejemplo, el pago de la luz, el pago del teléfono, el pago del colegio, entre otros.

• **Precaución**. Otro motivo por el que se demandan saldos en dinero es por precaución. No solamente para prevenir pagos corrientes, sino por motivos de prevenir gastos imprevistos, con lo cual se demandará saldos adicionales de dinero. De acuerdo a su función, está en relación con la renta monetaria y con el tipo de interés.

- **Especulación.** Para obtener ganancias a corto plazo, el público se puede situar en posición líquida, es decir, si una persona tiene invertidas unas acciones en bolsa y supone que van a bajar y luego posteriormente van a subir, pues las vende. El hecho de venderlas significa que se está posicionando de forma líquida, está demandando una importante cantidad de dinero, por lo tanto, hay una función, que es la demanda por motivo de especulación, que depende de la renta monetaria y del tipo de interés.

Viendo en conjunto estas tres funciones podemos pensar que el tipo de interés juega de forma diferente en los tres motivos. El motivo de transacción se pondrá especial cuidado en no incurrir en excesivos costos de oportunidad por el tipo de interés, pero, al fin y al cabo, no tenemos más remedio que hacer frente a algunos pagos corrientes. En precaución, el tipo de interés jugará de una forma más decisiva porque en este caso se puede atar más los saldos adicionales; y en el motivo de especulación, es evidente que el tipo de interés jugará de una forma decisiva, puesto que se está tratando de obtener ganancias a corto plazo y el tipo de interés hará que me posicioné más o menos líquido en función de los costos de oportunidad que tenga con el tipo de interés.

Si miramos el conjunto de los motivos por los que el público demanda dinero, tenemos una disección de la demanda de dinero.

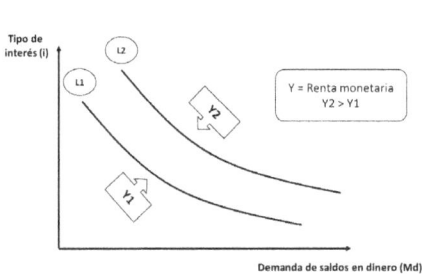

Gráfico 11: Curva de preferencia de liquidez

La demanda de dinero o llamada curva de preferencia de liquidez tiene la forma indicada en el gráfico 11, es una función decreciente del tipo de interés, de tal forma que un tipo de interés más elevado conlleva una demanda más baja de saldos en dinero como es natural porque se incurre en un alto costo de oportunidad para un nivel de renta determinado.

Un nivel de renta monetaria superior desplazaría la curva a la derecha concluyendo que la demanda de saldos en dinero dependerá de la renta monetaria y del tipo de interés.

Por su parte, la oferta de dinero es la cantidad de dinero o stock monetario existente en la economía, es decir, los billetes en manos del público y los depósitos en sentido amplio que admiten distintas definiciones.

Instrumentación de la política monetaria

Para ver la instrumentación de la política monetaria, nos fijaremos en el Banco Central. Tenemos necesariamente que entrar a ver el balance simplificado de un Banco Central, sino no entenderíamos con profundidad lo que significa en la política monetaria, ni entenderíamos tampoco algunos aspectos relacionados con el dinero.

En el activo, el Banco Central tiene, por una parte, el sector exterior que son las reservas de oro y divisas (activos exteriores netos). El oro y las divisas siempre forman parte del estado o son propiedad del estado. Por otra parte, tenemos otro activo relevante que es el sector bancario que es el crédito a los bancos comerciales, el redescuento, la financiación a las entidades de crédito o los préstamos de última instancia.

Tenemos otro apartado importante del activo, que es el sector público. Hay que tener en cuenta que el Banco Central es el banco del estado, por lo tanto, dispone en su activo de fondos públicos, de títulos, créditos y préstamos al propio sector público. Y, finalmente, tenemos una parte que es el activo real, que no tiene efectos monetarios, por ejemplo, los edificios, los equipamientos informáticos, entre otros, que tiene el Banco Central.

En el pasivo, tenemos el efectivo en manos del público, es decir, hay otro efectivo que está emitido pero que no está en manos del público porque está en forma de reservas bancarias. Otro apartado del pasivo son las reservas bancarias, que son los saldos de entidades de crédito en cuenta corriente, es decir, el efectivo en manos del sistema crediticio y los activos de caja del sistema bancario. Y, por último, tendríamos los depósitos del sector público.

Existe otra parte de pasivo que no tiene efectos monetarios, que sería el capital y reservas del Banco Central. El pasivo monetario, es conocido también como base monetaria o dinero de alto poder, que es toda la parte del pasivo sin contar el capital y reservas del Banco Central.

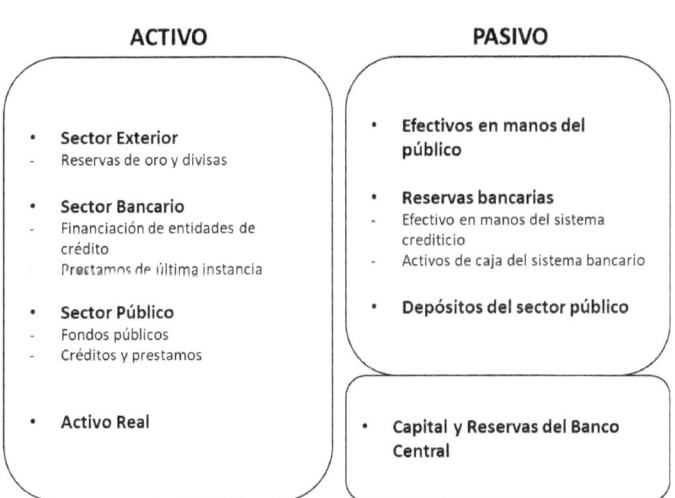

Una vez que ya tenemos visto el balance y lo que es el pasivo monetario, vamos a ver que la base monetaria que hemos definido antes, será igual al efectivo en manos del público más las reservas bancarias, o su equivalente al total de activos menos el pasivo no monetario, siendo formulaciones aritméticas muy sencillas de las distintas masas del balance.

Base Monetaria = **Efectivo en manos del Público** + **Reservas bancarias (Encajes)** = **Total de Activos** − **Pasivo no monetario del Banco Central**

Esto quiere decir, por lo tanto, que la base monetaria será igual a las reservas exteriores de oro y divisas del país, más el crédito al sistema bancario, más el crédito neto al sector público y menos otras cuentas.

Teniendo en cuenta que en este balance hay dos factores autónomos, es decir, no dependen de la acción del Banco Central, que serían el sector exterior, porque dependerá de las reservas de divisas, del funcionamiento de la economía y de la balanza de pagos, y tenemos, por otro lado, el sector público, que, obviamente, tampoco depende del Banco Central porque es la acción del gobierno, de la política económica y del sector público en general, el que, de forma autónoma, toma sus decisiones, pero, el pasivo del Banco Central, por su parte, deberá ajustarse.

Por lo tanto, toda expansión de activos, autónomos o no, va a conllevar inevitablemente una expansión de la base monetaria. La base monetaria va a depender de factores autónomos, independientes del banco y de otros factores donde el banco toma decisiones.

Entonces, la oferta monetaria será el stock o cantidad de dinero existente, incluyendo los billetes en manos del público y los depósitos en sentido amplio, tal y como los hemos venido definiendo.

La oferta monetaria, por lo tanto, es igual a la base monetaria por el multiplicador de dinero. El multiplicador de dinero es el factor por el que se incrementa la oferta monetaria total cuando se produce un aumento inicial en la base monetaria. Recoge el proceso de creación de dinero bancario.

Por su parte, la demanda de dinero es la decisión por parte del público de mantener más o menos dinero en términos reales, es decir, más o menos la capacidad de compra en forma líquida. En definitiva, el mercado de dinero está en equilibrio cuando la oferta monetaria sea igual a la demanda monetaria.

Por otro lado, el marco de actuación general de la política monetaria de un país sigue aproximadamente el siguiente esquema:

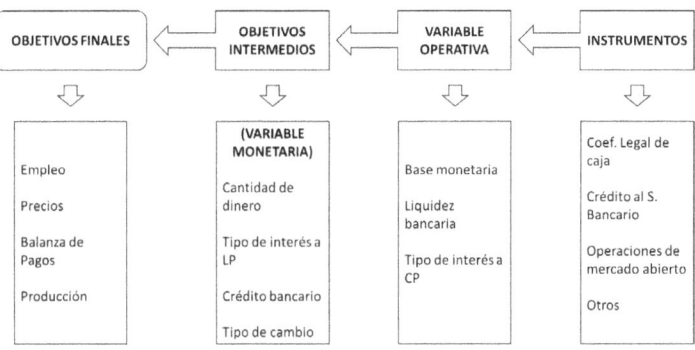

Existen unos objetivos finales, que pueden ser el empleo, los precios, la balanza de pagos según los casos, los niveles de producción (PBI), principalmente. Para ello, cuenta unos objetivos intermedios que son las variables monetarias como la cantidad de dinero, el tipo de interés a largo plazo, el crédito bancario y el tipo de cambio.

Hay una variable operativa que es la base monetaria, la liquidez bancaria o el tipo de interés a corto plazo, y existe una instrumentación como el coeficiente legal de caja que ya conocemos, los créditos al sistema bancario, las operaciones de mercado abierto que es entrar directamente el mercado a comprar y vender bonos, y otros tipos.

Es preciso mencionar una definición que nos va a ser útil a continuación, y es el concepto de la velocidad de circulación del dinero, o también llamada la rotación del dinero, que es, simplemente, el PBI nominal dividido por la cantidad de dinero en circulación.

Esto significa que un billete, por ejemplo, de 20 dólares, puede rotar y financiar mucho más que 20 dólares a lo largo del año, entonces, el PBI nominal o conjunto de la producción nominal de la economía en términos corrientes, dividida por la cantidad de dinero en circulación, nos dará cuántas veces rota esa cantidad de dinero en la economía a largo del año.

Dicho lo anterior, veamos la relación entre la política monetaria y la inflación. Para actuar sobre la inflación, partimos de la ecuación básica de la teoría cuantitativa que tenemos a continuación:

$$M \cdot V = P \cdot Y_r$$

M — Cantidad de dinero
V — Velocidad media de circulación
P — Nivel general de precios
Y_r — Nivel de renta en términos reales

Donde "M" que es la cantidad de dinero, multiplicado por "V" que es el concepto de velocidad media de circulación o rotación que acabamos de definir, es igual a "P" que es el nivel general de precios, multiplicado por el nivel de renta en términos reales "Yr".

En definitiva, asumimos que la rotación del dinero "V" es estable y, por lo tanto, los niveles de producción y renta en el corto plazo son lógicamente fijos ya que no se puede cambiar la producción en el corto plazo porque para aumentar la producción tendríamos que invertir y tardar un tiempo en contratar nuevos equipamientos, empleados, entre otros; con lo cual, la única forma que tenemos que actuar sobre el nivel general de precios es modificando "M".

Por lo tanto, esto es lo que hacen los Bancos Centrales, dada la estabilidad de los parámetros mencionados, actúan sobre la inflación a través del manejo de la liquidez de sistema (M). Es preciso aclarar que cuando hablamos de dinero en circulación no estamos hablando de billetes, sino del dinero como lo hemos definido y aprendido en este capítulo.

El sistema financiero

Existe un desequilibrio radical en la economía del que no siempre somos conscientes. Se trata del hecho de que los ahorradores últimos están en un sitio de la economía y, sin embargo, las unidades de gasto están en otro sitio diferente. La economía necesita, por tanto, encontrar la forma de llevar a cabo una canalización de fondos desde unos a otros. Veamos el papel del sistema financiero en la economía.

Por un lado, tenemos a los ahorradores últimos que son todos aquellos que logran mes a mes un excedente de ingresos frente a sus gastos, formando el ahorro de la economía, y en otro lado, completamente distinto tendríamos las unidades de gasto.

Los ahorradores últimos tienen los recursos, pero no los necesitan, y las unidades de gastos necesitan los recursos, pero no las tienen, así que, podríamos hacer un traspase directo (uno a uno), pero esto sería un sistema muy ineficiente y muy caro, ya que las unidades de gasto tendrían que ir buscando persona por persona de aquellas que tuviesen ahorros o excedentes, siendo poco operativo.

Por lo tanto, utilizamos un método logístico que sería canalizar los fondos de los ahorradores últimos hacia el sistema financiero, y este lo podría distribuir más eficientemente hacia las unidades de gasto. Este trasvase se puede hacer de forma directa, es decir, cuando el vendedor de un activo, por ejemplo, una vivienda, permite un aplazamiento en el pago, o cuando el prestatario y el prestamista tienen una conexión directa. Es preciso indicar que la tecnología actualmente hace que se faciliten mucho estos encuentros, como en el caso del crowdfunding, entre otros.

Pero, lo normal será hacerlo a través de los intermediarios financieros, que pueden ser bancarios y no bancarios. Los bancarios, son aquellas entidades de depósito que tienen la característica de que una parte de su pasivo forma parte del dinero de la economía, como hemos venido hablando a lo largo de este capítulo.

Luego, hay otros intermediarios financieros que también realizan funciones de trasvase y que no son bancos o entidades de depósito, por ejemplo, una compañía de seguros, que va recogiendo primas de un sitio a otro y canaliza en esos fondos invirtiendo en las unidades gasto.

Por lo tanto, los ahorradores últimos, como formas de colocación de riqueza, tienen junto a los activos reales una pluralidad de activos financieros. Algunos que están generados por las propias unidades de gasto, y otros que están generados por los intermediarios financieros.

Actuarán, por lo tanto, estructurando su riqueza entre estas alternativas, de acuerdo con sus preferencias, atendiendo siempre los criterios relativos de rentabilidad, riesgo y liquidez.

Por su parte, las unidades de gasto desean ejercer decisiones de demanda en cuantía superior a sus propios recursos, recurriendo a fuentes externas de suministro de fondos, a través de los cauces e instrumentos que le ofrece el sistema financiero. Por lo tanto, adaptarán sus decisiones en función de los costos y riesgos relativos a partir de sus estructuras financieras y en sus preferencias.

Ventajas del sistema financiero

Las ventajas del sistema financiero serían que: mejora la logística del trasvase y los costos, diversifica los riesgos, se produce un proceso de transformación, es decir, se transforman los flujos financieros, el tipo de instrumento, el valor nominal, el vencimiento, la seguridad.

También, mejora la eficiencia y la transparencia, haciendo referencia a la asimetría de la información, de modo que el que pide un préstamo tiene más información sobre su capacidad de devolverlo que la persona que lo presta, por lo tanto, en el caso de que el préstamo se haga a través del sistema financiero, hace que pueda haber una mayor capacidad de información y de análisis sobre la capacidad de devolución, en comparación que si se hiciera simplemente entre particulares. Y, definitivamente, si el sistema financiero es eficiente, será un elemento esencial de competitividad en la economía.

Riesgos del sistema financiero

El sistema financiero, cumple una función esencial en el papel de intermediación entre el ahorro y el gasto de la economía, pero cabe que se arrogue un excesivo protagonismo con el riesgo de una captura de rentas por parte de sus directivos.

En todo caso, ese papel esencial del sistema financiero, supone un grave riesgo para el funcionamiento de la economía en el caso de que se colapse, de ahí la necesidad de acudir a su rescate en ocasiones para que no quiebre, aspecto no muy bien entendido, a veces, por la opinión pública, que puede confundir la captura de rentas de algunos directivos con la necesidad imperiosa de que funcione la economía gracias a la intermediación del sistema financiero.

El sistema bancario

Si hacemos un resumen del balance simplificado de los bancos comerciales, tenemos en el pasivo dos grandes bloques: los recursos propios, como en cualquier sociedad, y los recursos ajenos que, en el caso de este negocio, tienen alguna peculiaridad porque dentro de ella están la financiación minorista como los depósitos de los clientes (depósitos a la vista, de ahorro, a plazo) y la financiación mayorista en el mercado interbancario de lo que ya hemos hablado, como emisiones de empréstitos y préstamos del banco central.

Desde el lado del activo se tiene tres bloques: el encaje o activo no rentable, que está compuesto por el efectivo y los depósitos en el Banco Central; como segundo bloque tenemos a los activos rentables, que es el núcleo básico del negocio bancario compuesto por la cartera de valores, tanto de fondos públicos como de valores privados (acciones, obligaciones, bonos de empresas, entre otros), y la cartera que crediticia, donde estarían los créditos a los clientes propiamente dichos que se pueden subdividir de distintas formas, como los créditos hipotecarios, créditos a empresas, créditos a particulares, entre otros. Finalmente tendríamos un tercer bloque que son los activos reales, que es realmente el inmovilizado material (edificios, equipamientos informáticos, entre otros).

Podemos establecer dentro de todo el activo una gradación de liquidez de tal forma que nos encontraríamos desde lo menos líquido, que podría ser un edificio, hasta lo más líquido, que como sabemos es el efectivo o dinero, aunque también es cierto que es el menos rentable.

Por otro lado, si pasamos a ver el funcionamiento del negocio, observaremos que consiste en captar pasivo (captar recursos ajenos) a través de la financiación mayorista o minorista En un modelo de banca tradicional o comercial, los bancos compiten entre sí para captar depósitos través de toda su estructura de marketing, ofreciendo más rentabilidad, principalmente, porque esto es lo que le permitirá invertir en los activos rentables, es decir, es lo que le permite crecer al banco, invirtiendo, por ejemplo, en fondos públicos, en la cartera de valores privados o en la cartera de créditos.

Es preciso mencionar que los créditos a corto plazo estarían más destinados a financiar el circulante de las empresas, mientras que los créditos a largo plazo irían dirigidos a financiar el inmovilizado de esas empresas. Así se podrían ver perfiles de banca, más comercial o más industrial, aunque esta última es una terminología ya sobrepasada que surgió en la ordenación bancaria del año 1962 por la aparición de los bancos industriales, pero hoy ya no se utiliza, sino que puede hablarse de banca minorista, mayorista, universal, entre otros.

Veamos un poco más de la gestión del negocio bancario, que debe tener en cuenta una combinación apropiada de rentabilidad, riesgo y liquidez. Por ejemplo, un crédito a una empresa es un activo que puede ser muy rentable, pero a su vez muy arriesgado, también, la entrada en un sector productivo emergente puede ser muy rentable, pero poco líquido e incluso arriesgado.

Las razones de las dificultades de los bancos en los últimos años se deben al deterioro de sus activos con la recesión. Los fondos públicos han dejado de ser riesgo cero, estando ahora supeditados a la calificación que se va asignando a la deuda pública. Por su parte, la cartera de valores privados, también se ha visto afectada por la baja del valor de las empresas ante unos mercados descendentes. Luego, los créditos a los clientes se han visto gravemente afectados por la morosidad, sobre todo, los más vinculados al sector inmobiliario.

Capítulo V

El Sector Externo De La Economía

No cabe pensar hoy en un país con una economía aislada del resto del mundo. Los aspectos relacionados con la integración exterior de la economía son muy importantes para entender la economía de un país y este capítulo agrupa todos estos temas por razones didácticas.

Comprobaremos que mirar el lado exterior es una excelente forma de entender también el lado interior de una economía, pues la estructura del país se dibuja perfectamente con las huellas de los intercambios exteriores, y no estamos hablando solo de importaciones y exportaciones, siendo esto solo la balanza comercial, sino del conjunto de transacciones reales y financieras que definen el perfil de cada economía.

El comercio internacional

Sobre el comercio internacional tenemos que mencionar la teoría de la ventaja comparativa de David Ricardo formulada a principios del siglo XIX. Dicha teoría, llamada también teoría pura del comercio, concluye que el comercio no es impreferible a la autarquía, de forma que dos países mejoran su bienestar global si comercian entre sí, en vez de permanecer en autarquía produciendo ellos mismos todos los bienes.

A lo largo de los años, la teoría de la ventaja comparativa ha sido objeto de distintas investigaciones y controversias, pero se acepta unánimemente, de forma que ningún organismo internacional se muestra defensor de la autarquía.

Pero, si existen las ventajas del comercio, ¿por qué tenemos entonces el proteccionismo? Esto se debe porque cada productor, sector o economía nacional, preferirá defender aisladamente los intereses particulares, obteniendo ingresos a costa de la eficiencia y la bajada de costos que provocaría una situación competitiva a nivel internacional, por lo tanto, el proteccionismo es siempre malo para los intereses generales de la economía, pero no para los intereses particulares. Por eso, en los periodos de recesión económica los países se defienden haciéndose proteccionistas.

Los acuerdos comerciales multilaterales, estuvieron impulsados por el antiguo GATT (General Agreement on Tariffs and Trade). Eran negociaciones en temas arancelarios, fundamentalmente de varios años.

Además, otras características de cada una de estas negociaciones o también conocidas como rondas, eran, por ejemplo, la ronda Kennedy de los años 60s, que además de los temas arancelarios, se negociaban las medidas antidumping, también la ronda Tokio de los años 70s, tratándose fundamentalmente las medidas no arancelarias, la ronda Uruguay, también sobre medidas arancelarias y, actualmente, la ronda Doha, habiendo desaparecido el GATT, con la Organización Mundial del Comercio, se ha centrado en la agricultura, pero no se ha llegado a acuerdos, considerándola como una ronda abierta, pero fracasada en estos momentos.

Frente a ello, podemos hablar de los tratados de libre comercio bilaterales, fuera de los acuerdos del GATT y de la Organización Mundial de Comercio en estos momentos, y las críticas que vienen a estos tratados desde el proteccionismo y nacionalismo.

Fundamentalmente, son críticas de tipo popular como la polémica del proyecto de tratado de EE.UU y la Unión Europea. Sabemos que es un tratado con unas negociaciones muy largas y abiertas, que ha entrado en vía muerta y que ha tenido una enorme oposición popular, sin embargo, tendríamos que tener en cuenta que las discusiones han girado en torno a barreras regulatorias, en temor al modelo europeo, según el cual, un bien o servicio producido legalmente según la normativa de un país miembro, puede ser vendido libremente en el resto de los países, suscitándose en el temor del caso de los productos agrícolas modificados genéticamente.

Otro aspecto es la apertura de los mercados públicos a las empresas, siendo mercados complejos por sus distintas reglamentaciones nacionales, regionales y locales, siendo, a su vez, mercados especialmente sensibles en casos como la defensa. Otro aspecto importante es la controversia sobre el ámbito jurisdiccional de control.

Al hablar del comercio internacional tenemos que mencionar, forzosamente, el fenómeno de la globalización y sus críticas. La globalización se puede definir como un proceso dinámico de creciente integración mundial de los mercados de trabajo, bienes, servicios, tecnología y capitales.

Hay que tener en cuenta, de todas formas, que no es un fenómeno nuevo, ya que la primera globalización que existió tuvo más intensidad incluso que la actual, desarrollándose entre los años 1870 – 1913.

Los factores que impulsaron este proceso de globalización han sido fundamentalmente dos. En primer lugar, el tecnológico, sobre todo la del transporte y las comunicaciones como actualmente la conocemos, y en segundo lugar, la liberalización sin precedentes de los intercambios de bienes, servicios y de capitales, debido a un intenso proceso de negociaciones comerciales multilaterales de las últimas décadas, que acabamos de ver hace un momento, sobre todo, las correspondientes a los organismos internacionales, a las que hay que sumar los acuerdos multilaterales y bilaterales entre países y grupos de países.

Respecto a la intensidad del proceso de globalización, se observa un gran aumento de la apertura comercial de las economías, a través de la ratio de giro total, que es igual a las exportaciones más importaciones, y todo ello dividido por el PBI. Existe un gran aumento, pero la globalización financiera es todavía mucho mayor que la comercial.

En la primera globalización de hace 125 años, los países tenían, incluso, unos datos más elevados que las actuales de globalización financiera en porcentaje de su PBI, medidos por sus mayores exportaciones de capital y sus mayores inversiones directas en el exterior. Un ejemplo podría ser Japón.

Sin embargo, hay que admitir que hay una falta de simetría en el proceso. Los mercados laborales no han quedado igualmente liberalizados como los de bienes y servicios, o los de capitales. De hecho, en la citada primera globalización, no fue así, pues 60 millones de personas se desplazaron sin limitaciones desde Europa hasta América.

No obstante, la solidez del proceso es mucho mayor hoy, por lo menos así se pensaba hasta hace poco, y cabía esperar que fuera irreversible, salvo catástrofes de hiper-nacionalismo, como las que dieron origen a la primera y segunda guerra mundial.

La mayor solidez se basa en el mayor número de países en situación de apertura de toda la historia, en el decisivo e irreversible factor tecnológico, como hemos mencionado, que permiten empresas globales muy eficientes, integra fácilmente a productores y consumidores a través de internet, y favorece un gran desarrollo internacional de mercados financieros, con lo que se facilita el flujo entre ahorradores y unidades de gasto a nivel mundial. Además, nos encontramos con una economía mundial más institucionalizada que hace 125 años, con organismos estables y, además, los sistemas políticos son hoy más democráticos.

Por otra parte, veamos las consecuencias de la globalización, así como los problemas que plantea, y los movimientos antiglobalización. El problema es que ese proceso de globalización se basa en unos supuestos según los cuales, los beneficios propios de la liberalización de productos y factores, se irían extendiendo a todos los sectores y países, sin embargo, no se ha tenido en cuenta a los perdedores de ese proceso, grandes grupos de población de países desarrollados que han visto desaparecer su puesto de trabajo por la deslocalización de la actividad económica, que alienta la propia globalización y sus factores.

Esta situación agravada por la reciente gran recesión del 2008, ha generado un malestar profundo y creciente, basado en la angustia sobre la incertidumbre económica personal, que ha desembocado en toda clase de populismos y repliegues nacionalistas y proteccionistas, muchos en forma de movimientos antiglobalización.

Al principio, los movimientos antiglobalización. estaban constituidos por grupos de protesta, como los antisistema, los ecologistas o los anticapitalistas. Pero, ahora la oposición se ha extendido a amplias capas de la población de los países desarrollados.

¿Por qué se oponen?

Hay un planteamiento de raíz. De una forma muy simplista, se achaca a la globalización toda la panoplia de males de la economía tras la gran recesión, como un estancamiento de los ingresos, la inestabilidad financiera o el aumento de la desigualdad y la crisis de las clases medias. Se pasa por alto el beneficioso papel que la propia globalización ha tenido, y la liberalización del comercio en el gran avance de los países, especialmente de los emergentes.

Se culpa, por lo tanto, de una forma tosca a la globalización, pero los factores del deterioro no están ahí, sino en otro lado, como en el excesivo endeudamiento público y privado, los disruptivos cambios tecnológicos o los propios reajustes de las políticas públicas tras la gran recesión.

También, hay que reconocer que hay otros aspectos de preocupación, más allá de los económicos y puramente transaccionales en el ámbito comercial y financiero, porque se trata también de proteger aspectos relevantes de diversidad cultural e histórica, frente al temor y estandarización que imponen los medios de comunicación y las grandes corporaciones internacionales difundiendo un estilo de vida uniformador y plano.

¿Hay que cambiar las políticas?

Ante este malestar, los sistemas de gobernanza económica internacional, es decir, la praxis de los gobiernos y de los organismos internacionales, no han sido capaces de reaccionar a tiempo, ya que, todavía están anestesiados por el dogmatismo de las bondades de la globalización, y solo ahora se sienten concernidos por la amenaza de los movimientos populistas.

Probablemente, y aquí entramos en un terreno normativo y de juicios de valor, será necesario instaurar otra nueva etapa de un cierto activismo de las autoridades económicas, tanto nacionales como internacionales, para contrarrestar algunos de los efectos redistributivos perniciosos de la globalización con los que no se contaban. Pero aquí, nos encontraríamos en un eje complicado, que es el vector mercado o intervención, el cual plantea diferentes problemas de tipo ideológico, y la solución del momento no se vislumbra.

La balanza de pagos

La balanza de pagos es, probablemente, el instrumento de observación más valioso para hacer cualquier diagnóstico de la situación económica de un país. Nos muestra los rasgos definitorios de su estructura económica y nos advierte de las debilidades existentes en ese país, para la viabilidad de su desarrollo auto sostenido.

Muchos países en el mundo tienen limitado su desarrollo por problemas de su balanza, no tienen suficiente ahorro interno para financiar su inversión, y tampoco la situación de sus balanzas les permiten obtener un préstamo neto exterior. Examinemos este interesante asunto con detalle a lo largo de este capítulo. No olvidemos que, de la balanza de pagos, solo nos interesa aprender a interpretar sus distintos saldos.

¿Qué es la balanza de pagos?

Es el registro sistemático de todas las transacciones económicas efectuadas entre los residentes de un país y los residentes en el resto del mundo durante un período de tiempo.

Cuando hablamos de transacciones, nos referimos a las reales, a una corriente de recursos reales y financieras, es decir, los cambios en los activos sobre el exterior y en los pasivos externos del país. También incluye las transferencias, que como sabemos, son sin contraprestación y también las transacciones públicas como privadas.

Por otro lado, distinguimos entre residentes y no residentes, para referirnos a las transacciones con el exterior de forma genérica.

Y, finalmente, hablamos de "por periodo de tiempo", ya que es un flujo, por ejemplo, la balanza de pagos nos dirá cómo han variado las divisas de un país, pero no tiene información de cuál es el nivel de divisas porque eso es un stock que está reflejado en otro instrumento.

¿Cuándo se contabiliza la balanza de pago?

Se contabiliza en función del principio del devengo. Estos movimientos, tanto reales como financieros, se registran en el momento en que se crea la obligación y no cuando se realiza el cobro o pago líquido. De ahí algunas dificultades en el registro de ciertas operaciones, por ejemplo, cuando el envío se hace en un periodo y el cobro en el siguiente.

¿Quién la elabora?

En general, los bancos centrales de cada país.

¿Quién pone las reglas?

El Fondo Monetario Internacional (FMI) es el organismo que establece la normativa de su elaboración armonizada para todos los países, los cuales deben utilizar los mismos criterios, si no, no sería útil.

¿Cómo se elabora?

Se utilizan los precios de mercado, aunque esto a veces puede resultar difícil, por ejemplo, en ciertas donaciones de arte. Se elabora utilizando el principio de partida doble, igual que en la contabilidad de una empresa, cada transacción se registra en la balanza de pagos mediante dos asientos, y la suma de los asientos de crédito es igual a la suma de los asientos de débito, por lo tanto, en principio, la balanza de pagos siempre está en equilibrio.

Entonces, no tendrá sentido decir que la balanza de pagos está en déficit o superávit. Probablemente se están refiriendo a la balanza comercial, a la balanza por cuenta corriente o la balanza financiera, pero el conjunto de la balanza de pagos siempre está en equilibrio. De todas formas, si se escucha hablar del déficit de la balanza de pagos, se suele referir, por lo menos los economistas, a la balanza por cuenta corriente.

¿Qué estructura tiene?

Tiene tres partes fundamentales, la balanza por cuenta corriente, la balanza por cuenta de capital y la balanza financiera. A continuación, se muestra la estructura resumida de la balanza de pagos.

BALANZA DE PAGOS

	Ingresos	Pagos	Saldos (I-P)
A. Cuenta corriente			
1. Bienes o mercancias (Bza Comercial)			
2. Servicios			
Turismo y viajes			
Otros servicios (fletes, seguros, etc)			
3. Rentas			
Del trabajo			
De la inversión			
4. Transferencias corrientes			
B. Cuenta de capital			
	Variación neta de pasivos	Variación neta de activos	VP - VA
C. Cuenta financiera			
Inversiones directas			
Inversiones de cartera			
Otras inversiones			
Derivados financieros			
D. Errores y omisiones			

Tenemos, en primer lugar, el apartado de la cuenta corriente (A), con cuatro epígrafes, el primero es la balanza comercial o la balanza de bienes o mercancías, siendo frecuentemente confundida con la balanza de pagos.

Es preciso advertir que las mercancías vienen valoradas eliminando la parte de fletes y de seguro que contengan en su precio porque los fletes y seguros van contabilizados en la sub-balanza de servicios y no en la comercial. Por su parte, en servicios tenemos diferentes apartados como el turismo, viajes y otros servicios.

En tercer lugar, tenemos las rentas, conteniendo dos epígrafes fundamentales que serían las rentas del trabajo, que son las rentas de los trabajadores transfronterizos o eventuales, normalmente, la mayor parte de los países tienen una cuantía relativa muy baja. Es preciso indicar que las rentas de trabajo no contabilizan las remesas de los emigrantes, ya que, estas remesas son transferencias, por lo tanto, irán en el apartado 4.

Y por otro lado tenemos un apartado interesante que es las rentas de la inversión. La inversión llega a un país por la parte de la cuenta financiera, y cuando ya está instalado, tanto si son inversiones directas, de cartera, entre otros, producen rendimientos, generando dividendos. Esos dividendos, si salen del país, salen por la cuenta corriente, específicamente por la de inversión.

Finalmente tenemos las transferencias corrientes que, como hemos dicho, corresponden a operaciones sin contraprestación, refiriéndose a donaciones, remesas privadas, aquí estarían las remesas de emigrantes, y otras donaciones públicas como donaciones de ayudas internacionales, entre otros.

Por su parte, la balanza por cuenta de capital (B), incluiría las transferencias de capital, que antes estaban en la balanza por cuenta corriente, y la adquisición y disposición de activos no producidos no financieros, intangibles, que no hayan sido producidos y que puedan utilizarse para la fabricación de bienes y servicios.

Aquí se refiere a las tierras, a los productos del subsuelo, patentes, marcas, derechos de autor, concesiones arrendamientos, u otros contratos transferibles, como también, las franquicias. Finalmente tenemos la cuenta financiera (C) y el inevitable apartado de errores y omisiones (D).

Interpretación de los saldos.

Es habitual sumar la balanza por cuenta corriente y la de capital, aunque el capital suele representar una cuantía muy pequeña, entonces ¿qué significa un saldo positivo o un saldo negativo de balanza por cuenta corriente más capital?

El valor del saldo de la cuenta corriente equivale a la brecha de ahorro o inversión de la economía. Un saldo deficitario en cuenta corriente más capital, significa que la economía está sufriendo un endeudamiento neto frente al resto del mundo, es decir, está recibiendo un préstamo neto del resto del mundo, por el contrario, un superávit significará que la economía está proporcionando un préstamo neto al resto del mundo.

En definitiva, esa cuantía de préstamo o de endeudamiento será el equivalente a todo el saldo de la cuenta financiera. Por lo tanto, una economía en déficit será viable si es capaz de recibir préstamos del resto del mundo, pero sino, no tendrá continuidad y necesitará cambiar su política interna porque no podrá importar más de lo que exporta, no podrá tener una balanza de servicios deficitaria pagando más de lo que ingresa, lo mismo en rentas y transferencias.

¿De dónde sale las reservas?

Un aspecto importante es ver de dónde salen las reservas porque es muy ilustrativo. Las reservas es simplemente el funcionamiento de la propia balanza de pagos que, a su vez, es el funcionamiento de la economía. Vamos a poner un ejemplo muy sencillo para que entendamos cómo funcionan los niveles de reservas de un país: Supongamos que las empresas residentes en el país A, exportan automóviles durante un año por 200 millones de dólares, para que sea más sencillo, supongamos que es al contado. Se anotaría de la siguiente forma: La exportación de mercancías (automóviles) iría como ingreso en la balanza por cuenta corriente de mercancías y, al mismo tiempo, habría que anotar una variación de activos en las reservas. Con lo cual, hay un contra asiento que es exactamente de 200 millones.

Esto haría que aumentaran las reservas del país automáticamente. Visiblemente, es el funcionamiento de la economía. No ha habido necesidad de que tome decisiones el Banco Central o el gobierno, sino que, la propia marcha de la balanza de pagos hace que sus distintas transacciones conlleven movimientos de divisas y, por tanto, aumentan o disminuyen las reservas del país.

La posición de inversión internacional (PII)

La posición de inversión internacional es una medida del saldo de los activos y pasivos financieros externos del país en un momento determinado. No es un flujo, sino que, es el resultado acumulado de las transacciones pasadas con el exterior. Es una información que complementa a la balanza de pagos. La balanza de pagos no nos informa del nivel de reservas, sino que, nos informa cómo han variado, es decir, si ha aumentado o disminuido, ya que, el nivel de reservas es un stock.

Tampoco sabemos cuánto es la cuantía de la inversión extranjera dentro del país. Sabemos lo que varía cada año, pero no la cantidad en stock de inversión extranjera o la del país en el exterior, por eso, es imprescindible disponer de una información de stock, siendo la posición de inversión internacional y tiene mucha importancia en cualquier análisis económico.

¿Cómo varía la posición de inversión internacional?

Veamos cuáles son los flujos que explican la variación de la posición de inversión internacional. Conocemos la balanza de pagos, que tiene tres grandes componentes, cuenta corriente, cuenta de capital y cuenta financiera, por tanto, es un flujo, generalmente por un periodo de un año.

Y, por otro lado, tenemos el stock inicial o balance de apertura de la posición de inversión internacional y un stock final. Esto se alimenta con el saldo de la cuenta financiera más otras variaciones en los activos y pasivos, por ejemplo, por revalorizaciones por cambios de precios, tipos de cambio, modificaciones de volumen, pero lo importante es que pasamos del stock inicial al stock final, a través de la introducción del flujo de la balanza de pagos.

Este sería, un resumen de las anotaciones conceptuales entre flujos y stocks entre la balanza de pagos y la posición de inversión internacional.

La protección arancelaria

La protección arancelaria ha dejado de tener importancia tras tantos años de desmantelamiento arancelario. Los aranceles son ahora muy bajos e incluso inexistentes, aun así, quedan pendientes barreras arancelarias selectivas muy relevantes para ciertos países y sectores.

De todas formas, es interesante explicar los mecanismos de una reducción arancelaria para entender mejor los efectos económicos del arancel. En nuestro caso, y para mayor sencillez didáctica, pondremos el ejemplo de una subida de arancel, pero los efectos son idénticos, en el caso de una bajada arancelaria, que es lo que normalmente se negocia en los tratados de comercio.

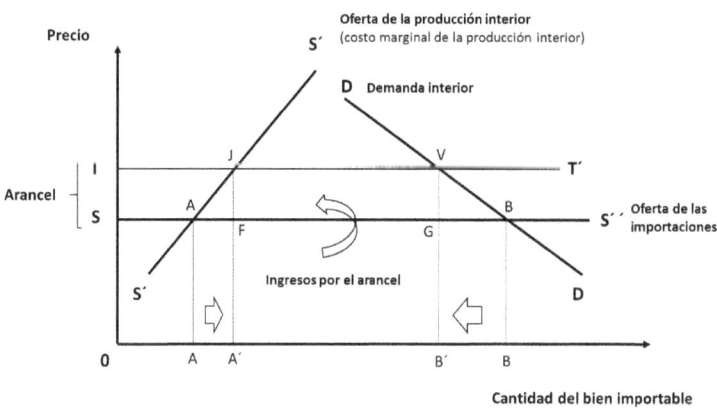

Gráfico 12: Protección arancelaria

De acuerdo al gráfico 12, tenemos inicialmente un mercado donde hay una mercancía que le vamos a llamar un bien importable, quiere decir que se produce internamente y también se puede importar. Tenemos, por lo tanto, en este mercado en un momento inicial, una curva de oferta interior (S´), o de oferta nacional y, por otra parte, una demanda interior (D) que es superior a la oferta interior disponible. Por lo tanto, tenemos otra curva de oferta de las importaciones (S´´), esto quiere decir que al precio S, que es el precio internacional de esta mercancía, se pueden importar cualquier cantidad de productos.

Para hacer sencillo el razonamiento añadiremos unos supuestos básicos:

♦ No vamos a considerar a los costos de transporte ni los seguros.

♦ Partimos de un análisis estático dentro del equilibrio parcial.

♦ Tenemos que tener en cuenta que la producción interior es perfectamente competitiva, es decir, no se trata de un monopolio ni de oligopolios, sino que estamos en una situación de competencia casi perfecta.

♦ Partiremos del supuesto de "país pequeño", que significa que la elasticidad de la oferta extranjera es infinita, es decir, al precio S, se puede importar cualquier cantidad que se quiera, pero no se puede importar a un precio superior e inferior, porque el precio es internacional. No es que el país tenga un tamaño pequeño, sino que el país tiene una importancia pequeña como comprador mundial y, por tanto, no afecta al precio internacional de la mercancía.

Dicho esto, desde el momento en el que hay posibilidad de importaciones, nos encontramos en un equilibrio donde la producción nacional será la producción A, la demanda será la cantidad B, es decir, se abastece el mercado con una parte de producción interior y otra parte con importaciones.

Seguidamente, suponiendo que las autoridades económicas ponen un arancel, este sería entonces la distancia entre los puntos (S;T) del eje vertical del gráfico, que puede ser un arancel específico, por ejemplo, 2 dólares por kilo, pero lo normal en la inmensa mayoría de los aranceles son ad valorem, es decir, puede ser un 5%, 20%, entre otros valores, del valor del precio de la mercancía. Esto es así porque el arancel específico pierde vigencia enseguida, a medida que oscilan los precios internacionales la protección se hace mayor o menor, en cambio, si es ad valorem, siempre protegerá, por ejemplo, un 2% o un 20%.

Una vez colocada el arancel, se dan modificaciones. Las modificaciones consisten, en que ahora el precio del mercado será el de T porque hay que incorporar el arancel, con lo cual, los productores nacionales se encuentran con la situación de intersección en el punto J, es decir, aumentan su producción desde A hasta A´.

Por otro lado, los demandantes nacionales que estaban consumiendo la cantidad B, naturalmente pasamos al punto V, que es el precio T, con lo cual reducen su cantidad demandada a B´. El arancel que antes no existía ahora tiene un efecto de ingreso, de tal forma que aumentan los ingresos para el tesoro en la cantidad del área (F; J; V; G). En este caso, por el hecho de que se ha modificado el arancel en una subida o se ha impuesto, podríamos razonar exactamente lo mismo si lo quitamos porque ha habido varios efectos superpuestos.

En primer lugar, ha habido un efecto producción o protección, es decir, el output interior ha crecido desde el punto A hasta el A´. El valor de la producción protegida, estimado al precio de las importaciones es la distancia de A hasta A´ en intersección con la recta S´´, y si lo hacemos valorado al precio interior determinados por el arancel, sería la distancia entre A y N. Hay otro efecto, que es el efecto consumo, generando la reducción desde B hasta B´.

También, se observa un efecto de importación o efecto de la balanza de pagos, es decir, todo lo que era la importación anterior, que iba desde el punto A hasta B, ahora, al poner el arancel, se reduce en la cuantía de los dos efectos anteriores, es decir, por el efecto producción y por el efecto consumo.

Se observa también, un efecto de ingreso arancelario, es decir, aumenta el ingreso arancelario comprendido por el área (F; J; V; G). Y, finalmente, hay un efecto redistribución de la renta, es decir, los productores internos, han aumentado sus ingresos a costa de los consumidores, como hemos visto, han aumentado su producción y los consumidores han tenido que reducir su consumo a un precio más elevado.

Lo normal, en el caso de la negociación arancelaria, no es subir un arancel, si no desmantelarlo. Pero, es importante que sepamos los efectos, tanto de una protección arancelaria como en general de cualquier protección de tipo regulatorio principalmente, los efectos que tienen sobre el mercado y sobre los distintos perceptores de rentas, en este caso, existe el efecto de redistribución entre productores, consumidores y el tesoro público.

El tipo de cambio y los mercados de divisas

Como cada país tiene su propia moneda nacional, nos encontramos con que las relaciones económicas entre países suponen también operaciones entre monedas diferentes. Estas monedas, que son las divisas, se intercambian en un mercado llamado mercado de cambios, que tiene unas características especiales:

Posee una gran perfección, en el sentido de competencia perfecta, y tiene una gran transparencia que hace referencia a la información. Se dice que un mercado es transparente si todos los operadores conocen en todo momento las cantidades y los precios a los que se realizan los intercambios. Esto es justo lo que pasa en los mercados de divisas, que constantemente estamos viendo en los medios de comunicación en tiempo real, las cotizaciones del dólar, del euro, del yen, de la libra, etcétera.

Esto hace que este mercado pueda operar con un arbitraje eficaz, que amortigua las discrepancias entre los distintos tipos de cambio de una moneda. Si hoy el dólar ha subido frente al euro, por ejemplo, no es que haya subido así en todos los mercados según el uso de horario como Londres, Chicago, Japón, etcétera, sino que, en unos sitios está subiendo y en otros está bajando, pero como existe el arbitraje, es decir, aquellos mecanismos que permiten comprar el más barato y vender más caro, se iguala la cotización frente a las monedas y por eso se unifican las cotizaciones. Esto es gracias a que existe un arbitraje permitido por la percepción y transparencia del mercado.

Modalidades del mercado de cambio

Tenemos el mercado libre y el mercado intervenido por parte de los bancos centrales. Se dan simultáneamente las dos modalidades: Se actúa siguiendo libremente el mercado de divisas, pero, en un momento determinado, se puede intervenir por parte de las autoridades para evitar importantes fluctuaciones en los tipos de cambio. Igualmente, existe el mercado al contado, donde juega el mecanismo de arbitraje que hemos visto, y también el mercado a plazos, que permite la especulación: comprar o vender anticipadamente.

El mercado libre funciona como un sistema de tipos de cambio flexibles o fluctuantes, es decir, el Banco Central no interviene a través de sus reservas para influir en la determinación del tipo de cambio, sino que, permite que este fluctúe libremente, reflejando las alteraciones de la oferta y demanda de divisas.

Por lo tanto, veamos el mercado de divisas, según la oferta y la demanda libre. Antes que nada, conviene acotar que el tipo de cambio de una divisa extranjera es el número de unidades monetarias nacionales que es preciso entregar para adquirir una unidad monetaria extranjera. No es lo mismo ponerse desde del lado del euro que desde el lado del dólar, en otras palabras, cuántas unidades monetarias de dólares es necesario para adquirir un euro, o, cuántos euros es necesario para adquirir un dólar.

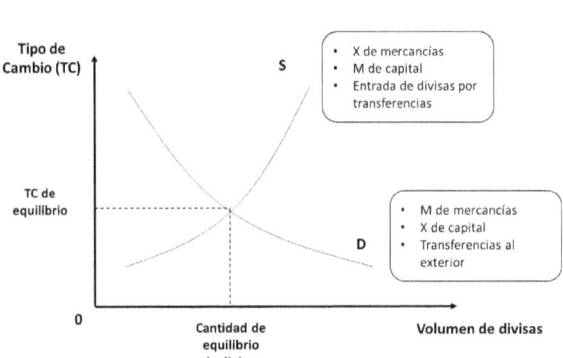

Gráfico 13: Mercado de divisas (sin intervención)

El gráfico 13, muestra el mercado de divisas donde la oferta del mercado se compone, por una parte, de la balanza de pagos. Los exportadores de mercancías en la balanza comercial son los que acuden al mercado ofertando divisas, por ejemplo, un exportador peruano ha exportado mercancías a España cobrándole en dólares, por lo tanto, tiene que acudir al mercado de cambios para convertirlos en soles porque necesita los soles para pagar impuestos nacionales, pagar a sus empleados, a sus proveedores, entre otros.

Otra parte de la balanza de pagos que acude al mercado de divisas ofertándolas, son los importadores de capital, por ejemplo, un inversor estadounidense que va a Madrid a montar una fábrica necesitará euros, por lo tanto, oferta dólares. Y también, habrá entrada de divisas por transferencias.

Los demandantes de divisas serán los importadores de mercancías y los exportadores de capital, por ejemplo, para invertir en el Nasdaq necesitaré dólares, tendré que demandar dólares en el mercado de divisas para invertir en ese mercado bursátil. Y también, las transferencias al exterior corresponderán a la demanda de divisas, por ejemplo, si voy a pagar a un familiar que está estudiando en EE. UU, igual necesitaré demandar dólares porque esta persona los necesita para su vida corriente en su país. Por lo tanto, es la balanza de pagos, en sus distintos aspectos, la que acude todos los días a los mercados de cambios, para ofertar o para demandar divisas. La interacción de oferta y demanda generará un precio de tipo de cambio en equilibrio.

Por su parte, en un mercado intervenido, el Banco Central fija un tipo de cambio de paridad para su moneda, comprometiéndose a respetar el mercado y mantener las variaciones de ese tipo de cambio dentro de unos límites predeterminados del mercado, de modo que, solo interviene en el mercado para evitar que el tipo de cambio sobrepase esos límites.

Gráfico 14: Mercado de divisas (intervenido)

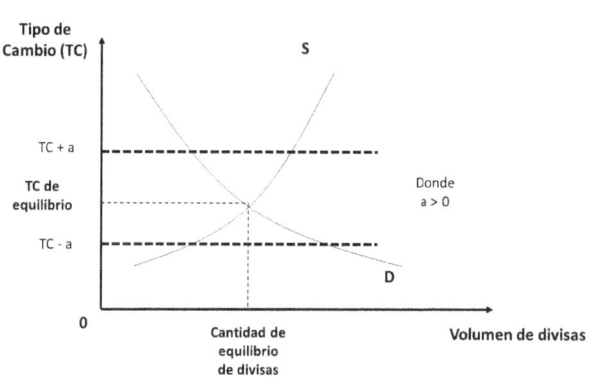

El gráfico 14, muestra que se fijan unas bandas de oscilación del tipo de cambio dentro de las cuales funciona el mercado. El Banco Central solo actuará cuando el tipo de cambio de mercado libre sobrepasa esos límites.

No olvidar que, la posición de divisas de un país está en el balance del Banco Central o en el banco comercial, pero este último actúa solo como banca delegada del Banco Central, debiendo darle sus posiciones en divisas de forma actualizada.

El Banco Central utiliza las reservas de divisas para entrar dentro del mercado de cambios e intervenir en la cotización de su moneda, es decir, para disminuirla (depreciar) tendrá que comprar divisas pagando con moneda nacional, y para incrementarla (apreciar) tendrá que venderlas; pero, para esto, el banco tiene que tener suficientes reservas.

Por lo tanto, tras la intervención se operará dentro de las bandas de oscilación de forma libre de mercado, pero, el mercado queda configurado de forma que no es posible ir por encima de la banda de depreciación o por debajo de la banda de apreciación.

Al examinar el funcionamiento de los mercados de cambios, hemos podido comprobar que dependen del funcionamiento de la balanza de pagos del país que, a su vez, depende del funcionamiento de las operaciones exteriores de su economía, dependen del funcionamiento de toda la economía incluida la política económica. Un buen ejemplo de la interdependencia de las variables económicas que tenemos que aprender a relacionar.

Adicionalmente, también los mercados de cambios dependerán de las eventuales actuaciones puntuales que realicen los Bancos Centrales en defensa de sus intereses monetarios, pero eso sí, entrando para ello en las reglas del mercado, es decir, comprando y vendiendo divisas como forma de intervenir en su moneda nacional o contraparte.

Capítulo VI

Perturbaciones En La Economía.

La Inflación

Pueden aparecer diferentes perturbaciones que alteran el equilibrio de la economía, como el desempleo de factores de producción, los desequilibrios internos, las convulsiones de los precios o de las finanzas públicas, o los desequilibrios exteriores en aspectos como el tipo de cambio o el endeudamiento exterior. Estas perturbaciones no se producen aisladas, sino en combinación unas con otras.

Una de las más perniciosas para la economía, es la de los precios, razón por la cual, la inflación merece una consideración especial en este capítulo, para ver sus causas, sus efectos y su posible terapia.

Por lo tanto, si miramos los posibles desequilibrios o perturbaciones de la economía, nos encontraríamos con el desempleo de recursos y factores, en particular, el desempleo del factor trabajo y cómo evoluciona.

La inflación

¿Qué es la inflación?

Es el proceso de elevación del nivel general de precios de una economía. En otras palabras:

♦ **Es un proceso**, por tanto, no se podría calificar como situación inflacionista por sí misma a una subida puntual de los precios como, por ejemplo, cuando se eleva el IVA o similares. Solo cabe hablar de situación inflacionista, si desencadena ese característico proceso que define la inflación y que hace que se mantenga en el tiempo.

♦ **Afecta al nivel general de precios** y no a un grupo o sectores de precios de la economía.

♦ **Es un fenómeno esencialmente monetario** que conlleva un aumento del dinero en circulación con su consiguiente pérdida de valor adquisitivo y que obliga al control del Banco Central mediante sus actuaciones de política monetaria que hemos visto en capítulos anteriores.

¿Cómo se mide la inflación?

La inflación se mide a través de los distintos índices de precios, como: el Índice de Precios al Consumo (IPC), el IPC armonizado, y otros distintos índices como el deflactor del PBI, inflación subyacente, Índice de Precios a Impuestos Constantes (IPC-IC), entre otros.

Por su parte, conviene que tengamos en cuenta las distintas tasas de variación para poder interpretarla, como las tasas intermensuales, year to day (YTD) elevadas a tasa anual, la tasa equivalente a los 12 meses anteriores, tasa media anual, tasa diciembre sobre diciembre, principalmente.

El IPC

El Índice de Precios al Consumo (IPC) es el más utilizado para medir las variaciones del precio. Como su nombre lo indica, se limita a medir los precios en el nivel del consumidor. Expresa el costo de una cesta de bienes y servicios representativa de una economía doméstica, por lo que nos mide solo un aspecto de la evolución de los precios de la economía, que son los precios de los consumidores. En todo el conjunto de precios de la economía, el IPC se fija solamente en los precios mostrados de cara al consumidor, no midiendo, por lo tanto, el conjunto de precios de la economía.

Es preciso mencionar al Índice de Precios de Consumo Armonizado (IPCA) que es un indicador que tiene por objetivo proporcionar una medida común de la inflación que permita realizar comparaciones entre un grupo de países, como la Comunidad Andina, los países de la Unión Europea y otros.

El deflactor implícito del PBI

Este índice ofrece más información que el IPC porque, como hemos dicho, el IPC solamente incluye los bienes y servicios que afectan al consumo de los hogares. Pero el deflactor implícito del PBI incluye todos los componentes de la demanda final. El consumo final individual y colectivo, la formación bruta de capital y exportaciones netas que son las exportaciones menos las importaciones. Como vimos al estudiar las macromagnitudes, su cálculo resulta de dividir el PBI a precios corrientes o nominal entre el PBI a precios constantes o real.

La inflación subyacente

La inflación subyacente representa la tendencia a largo plazo en el nivel de precios. Al medir la inflación a largo plazo, deben excluirse los cambios transitorios de precios. Una forma de lograr esto es excluyendo artículos que con frecuencia están sujetos a precios volátiles, como los alimentos y la energía.

El IPC a impuestos constantes

Es el IPC sin considerar las variaciones de los impuestos y subvenciones. Si por razones normativas de política económica se modifica un impuesto, esto repercutiría en la inflación, entonces necesitaríamos medirla sin tenerla en cuenta, excluyendo estas variaciones de impuestos y subvenciones. Respecto a los impuestos, se deducen sobre el (IVA), los combustibles, tabaco, primas de seguros, entre otros. Por su parte, respecto a las subvenciones, se deducen ciertos subsidios que están considerados en el IPC, por ejemplo, los ligados al consumo, medicamentos o peajes.

Otros índices de precios

Otros índices de precios parciales o sectoriales que existen pueden ser de utilidad para análisis específicos, como el índice de precios al por mayor, índice de precios industriales, el índice de precios de comercio exterior, entre otros.

Términos relacionados a la inflación

Hay términos relacionados con inflación que debemos conocer, como es la inflación negativa, que es una especie de eufemismo que se utiliza siendo simplemente un mero decrecimiento, temporal y no persistente del índice de precios.

Hay un término que se utiliza también, que es la desinflación, que es la desaceleración del crecimiento de los precios causada por el progreso técnico que hace bajar los precios, como la computación, el internet, la fabricación masiva, entre otros. Es un proceso paulatino y a largo plazo, pero no tiene nada que ver con situaciones de modificaciones de los precios, sino de características de tipo técnico.

También tenemos la estanflación, la hiperinflación, la deflación, trampa de liquidez y la ilusión monetaria que lo veremos a continuación.

La estanflación

La estanflación hace referencia al estancamiento de la actividad con inflación. El término surge en las discusiones de los años 70s con ocasión de una situación precisamente de estancamiento económico con inflación cuando se creía, hasta ese momento, que ambas situaciones no eran compatibles.

Surge con ocasión de las polémicas sobre la curva de Phillips, que establecía una relación entre el desempleo y la inflación. De forma resumida, dicha curva estipulaba que los sucesivos incrementos del uso de la capacidad productiva de la economía no llegarían a afectar al nivel de precios hasta el momento en que se alcanzara el pleno empleo, el momento a partir del cual, sí se generaría un típico proceso inflacionista, es decir, no cabía pensar en inflación si había desocupación de la capacidad productiva porque los sucesivos incrementos de la utilización la capacidad no conllevaría a aumentos de precios. Todo esto no es así, y es por eso que surge el término stagflation o estanflación en español.

La hiperinflación

La hiperinflación es una situación inflacionista, pero bajo una patología sumamente grave de la economía, que está caracterizada por una enorme elevación de los precios con pronósticos inciertos, pues el fenómeno viene acompañado de una incontrolada aceleración de los precios. La hiperinflación va invalidando progresivamente todos los mecanismos de funcionamiento de la economía hasta llegar, en los casos más extremos, a la descomposición incluso de la estructura económica y social.

La hiperinflación conlleva un fenómeno bien estudiado que se conoce como la huida del dinero que hace que nadie quiera

mantener tenencias de dinero, puesto que, este pierde valor casi cada minuto, por lo que el público se desprende lo más rápidamente posible de él, acudiendo inmediatamente a realizar compras de productos, cosa que, a su vez, sigue alimentando un proceso inflacionista.

En los casos extremos esto conducía, incluso, a la desaparición del dinero de curso legal, en favor de cualquier otra mercancía, por ejemplo, en la Alemania de 1923 se utilizaban los cigarrillos como dinero.

La hiperinflación tiene mucho interés porque es una especie de "experimento de laboratorio" para ilustrar mejor el fenómeno de la inflación en sí, sus causas y los efectos devastadores que tienen las políticas monetarias permisivas, como las emisiones incontroladas de dinero, la monetización de deudas públicas, entre otros. También se utiliza para estudiar el fenómeno de los comportamientos de los agentes económicos, consumidores, empresarios; y también, para estudiar las consecuencias de la inflación sobre la asignación de los recursos.

La deflación

La deflación es una situación similar a la inflación, pero simétrica y de signo contrario. Quedaría definida, por tanto, como el proceso de bajada generalizada de los precios. Insisto en la palabra proceso, puesto que una mera bajada de precios no tiene por qué significar una deflación. Es, por lo tanto, un proceso y ahí es precisamente donde reside lo más peligroso que tiene la deflación, ya que es difícil salir de este proceso una vez que se entra en él.

¿Por qué surge la inflación? - Tipos de inflación

En primer lugar, tenemos la inflación de demanda. Es una situación en que la demanda está por encima de las posibilidades reales de la oferta agregada que se mantiene fija a corto plazo. Como sabemos, a corto plazo no se pueden aumentar las capacidades de producción, por lo tanto, ese desequilibrio entre una demanda agregada superior solo se puede resolver con una subida a los precios. Esa oferta menor, solo se puede igualar a la demanda superior con una valoración superior, es decir, subiendo todos los precios. Es el llamado "gap" inflacionista.

Otro tipo de inflación sería la de costos. Surge por la lucha competitiva que se establece entre los distintos perceptores de rentas para mantener su posición relativa en la renta nacional. La renta nacional es como una "tarta" que a corto plazo no puede variar porque es fija, pero a largo plazo sí porque puede existir el crecimiento económico. Si uno de los grupos intenta una mayor porción de esa "tarta", por ejemplo, los trabajadores forzando un aumento del peso de las rentas salariales, el resto del grupo tenderá a posicionarse defensivamente para no perder participación relativa, es decir, los empresarios subirían los precios de sus productos.

Se desencadena así una espiral inflacionista (precios - salarios) e incluso a veces (salarios - salarios) mediante la lucha competitiva de los distintos perceptores de rentas de una economía para no perder participación relativa en la renta nacional.

Hay que tener en cuenta que en este proceso siempre hay grupos que no tienen esa capacidad de reacción, no pueden defenderse fácilmente, ni presionar, como los perceptores de rentas fijas, los jubilados, entre otros, porque los procesos de redistribución característicos de la inflación, especialmente en el caso de inflación de costos, juegan en su contra.

En tercer lugar, otra causa de la inflación es la de tipo estructural. Se denomina así a aquel tipo de inflación que se caracteriza por el mal funcionamiento de los mercados o de las instituciones. El término surgió hace ya varias décadas para denominar a situaciones de inflación de varios dígitos que se producían en algunos países latinoamericanos relacionadas preferentemente con problemas de tipo estructural.

Hoy nos referimos más bien a disfuncionalidades de los mercados microeconómicos en diferentes áreas, como monopolización, oligopolización de algún sector o deficiente funcionamiento de las instituciones.

Efectos de la inflación

La inflación afecta a una gran variedad de aspectos de forma negativa, como el nivel de empleo, la asignación de los recursos, la distribución de la renta, el funcionamiento del sector público, la rentabilidad de los proyectos de inversión, la competitividad de la economía frente al resto del mundo, la tendencia de los tipos de cambio, la generación de expectativas favorables, entre muchas más. Por lo tanto, haremos un repaso de los más importantes:

Sobre la distribución de la renta y la riqueza.

• En primer lugar, la subida de un precio significa que se produce en el consumidor un efecto renta, es decir, si me suben el precio de un producto que consumo, es como si me hubieran bajado el sueldo, por lo tanto, hay un efecto renta.

• Va contra los perceptores de rentas fijas, como los poseedores de obligaciones, pensionistas, propietarios de vivienda que perciben un alquiler estipulado, y en general, contra todos aquellos que no pueden ajustar sus ingresos a la inflación.

• También va contra los acreedores en términos monetarios, y al mismo tiempo a favor de los deudores nominales. Si una persona tiene que devolver un crédito en un plazo lejano y existe inflación, lo que va a devolver tiene un valor real más bajo.

Sobre la estructura recaudadora del Estado.

• Hay que tener en cuenta que dada la progresividad de los impuestos directos se puede recaudar más sin modificar las escalas del gravamen puesto que la inflación hace subir los salarios nominales obligando a los contribuyentes a tributar a un tipo más alto, sin que los políticos sufran desgaste alguno en la subida de impuestos, es decir, pueden "alardear" de que no han subido los impuestos, como se ha hecho en muchos países, sin embargo, existía una situación fuertemente inflacionista, y la gente iba percibiendo sus rentas nominales y alcanzando tipos progresivamente más altos de imposición.

• Otro efecto beneficioso para el estado es el hecho de que la deuda pública es nominal, por lo que su devolución al vencimiento será menor en términos reales.

- Existe un efecto que solamente tiene relevancia en casos de inflación muy elevada, que es el llamado efecto Olivera-Tanzi. Se refiere a que la inflación hace disminuir la recaudación efectiva a los impuestos debido al desfase temporal entre el momento del gasto público y el cobro de los impuestos. En otras palabras, si el estado realiza gasto público en un momento determinado, el impuesto lo va a cobrar en el ejercicio siguiente, entonces, va a cobrar algo que queda evaluado por la inflación. Esto claramente juega en contra el estado.

Sobre la actividad económica

- En primer lugar, se produce una alteración de la estructura de precios relativos. En épocas inflacionistas, no todos los precios suben a la vez, ni sube la misma cuantía, sino que se altera la estructura de la relación de precios unos con otros. Esto significa también, una asignación de los recursos que generalmente es más ineficiente, pues ahora la reasignación se hace atendiendo también a razones ajenas al propio proceso productivo, como la consideración de la mera incertidumbre sobre los precios futuros.

- Otro efecto es el aumento artificial de la demanda, ya que se producen desplazamientos temporales, por ejemplo, dado que el consumidor cree que van a subir los precios de un producto concreto, adelanta su compra, ejerciendo así una demanda adicional sobre el mercado, cuya consecuencia inmediata es la presión sobre el precio de ese producto, siendo un comportamiento generalizado, como suele serlo, una presión simultánea sobre la demanda agregada de la economía.

- Se producen alteraciones y distorsiones en la competitividad exterior, que es un efecto muy importante y con fuertes derivaciones en la balanza de pagos, en el tipo de cambio, en la moneda nacional, en la estructura productiva del país, que se irá remodelando según los respectivos parámetros de competitividad de cada sector, en el empleo, entre otros.

• Hay una generación de incertidumbre, como es natural, que dificulta los cálculos de los rendimientos futuros esperados, aumenta la prima de riesgo y penaliza los proyectos de inversión a largo plazo.

• Hay un efecto añadido, y es que, habitualmente la inflación vendrá acompañada de una política monetaria restrictiva con tipos de interés más elevados por parte de los Bancos Centrales lo cual tendrá efectos adicionales sobre la demanda de inversión, e incluso sobre la demanda de consumo.

¿Cómo se combate la inflación?

Veamos las políticas antiinflacionistas dependiendo de las diferentes causas o los diagnósticos en inflación. Podríamos hablar de política de demanda, es decir, la inflación por demanda agregada esta muy por encima de la oferta disponible con lo cual habría que ajustarla con políticas adecuadas regulando el ciclo. Por su parte, tenemos también a la política monetaria que es el gran brazo armado contra la inflación, tema ya explicado con cierto detalle cuando vimos el dinero y la política monetaria. Finalmente tenemos la política de rentas de la que vamos a ver un ejemplo a continuación.

Políticas antiinflacionistas. La trampa de liquidez

Sobre el uso de la política monetaria como política antiinflacionista, debemos hacer alguna consideración respecto la llamada situación de "trampa de liquidez".

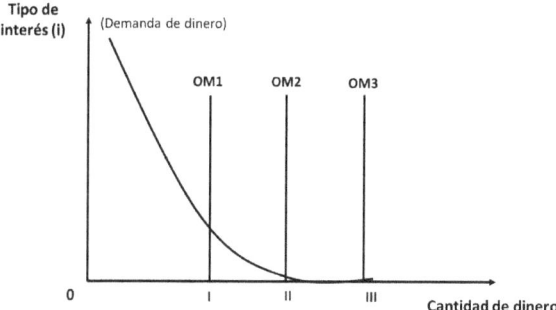

Gráfico 15: preferencias de liquidez

El gráfico 15 muestra el mercado monetario con su curva de demanda de dinero o llamada también curva de preferencia de liquidez, pues el público decide en cada momento cuánta parte de su riqueza la tiene colocada de forma líquida, es decir, en efectivo o en cuentas corrientes. Así, a medida que bajan los tipos de interés, aumenta la cantidad de dinero en manos del público. Además, al ir bajando los tipos de interés, es más barato para los hogares y las empresas pedir prestado, con lo que se reactiva la actividad, aumenta el consumo y la inversión.

Pero, al llegar al punto 2, ya son casi cero los tipos de interés ya no pueden bajar más, y la política monetaria convencional ya no tiene armas. El público ya tiene la cantidad de saldos en dinero que necesita para sus operaciones por motivos de transacción y de precaución (cantidad del punto 2). Pero a partir de ahí, incluso puede aceptar más liquidez, pues por motivo de especulación le es indiferente tener su riqueza financiera en dinero o en bonos que le dan un interés cero. Esto es lo que llamaba Keynes una situación de trampa de liquidez.

Es preciso indicar que no conviene confundir la trampa de liquidez con la llamada ilusión monetaria. La ilusión monetaria es cometer errores en la valoración de los cambios nominales frente a los reales, debido a que no se descuenta correctamente la inflación al tomar decisiones, por ejemplo, una persona que está encantada de que le suban el sueldo un 10%, cuando realmente la inflación es de un 20%.

Así entonces, la política monetaria se hace inefectiva. Los inversores, bancos incluidos, prefieren atesorar el dinero en vez de prestarlo, pues suponen que los tipos de interés acabarán subiendo en el futuro. Ya no se estimula, por tanto, el consumo ni la inversión.

Como alternativas, se utilizan políticas monetarias llamadas no convencionales, las QE (expansión cuantitativa), del estilo de las que usa la FED del banco de Japón y en general los bancos centrales. Lo que hacen es inyectar liquidez masiva en los mercados monetarios a través de la compra abultada de bonos, sobre todo del estado, pero pueden ser incluso bonos emitidos por las empresas. En todo caso, en situaciones de trampa liquidez esto es problemático también que actúe sobre la economía. Por lo tanto, será necesario utilizar otras políticas expansivas no monetarias, y aquí tenemos que recurrir, naturalmente, a la política fiscal, como ya lo hemos visto en capítulos anteriores.

Uno de los casos de inflación de más difícil tratamiento, es el de la inflación de costos, que ya hemos visto. Recordemos la lucha competitiva entre los perceptores de rentas que alimenta el proceso inflacionista y lo acelera sin encontrarle fin. Veamos pues, un ejemplo interesante de política de rentas que ha quedado como caso de referencia en estos momentos, y es la ruptura de la espiral inflacionista en España mediante los pactos de la Moncloa.

La historia del IPC arranca en el año 1962. Durante su evolución, nos encontramos con una primera parte de los años 60s, con unos fuertes crecimientos de la economía española. La economía española crecía a tasas reales solo comparables a las de Japón en aquel momento, y la inflación tenía un registro decreciente, pero al llegar el final de la década, comienza a ascender de una forma preocupante a lo largo de varios años.

Siguiendo la evolución del IPC, en el año 1977 encontramos una situación tan alarmante, la tasa interanual de la inflación llegaba aproximadamente al 26%. En esa situación, se convocan los pactos de la Moncloa que finalmente se firman el 25 de octubre de 1977, quebrándose completamente la trayectoria de la inflación.

Este último evento fue posible porque se quiebran las expectativas inflacionistas. Lo que hizo el gobierno fue convocar a los principales agentes sociales, como los sindicatos, los partidos políticos y las organizaciones empresariales, explicándoles, sencillamente, lo que es una política de rentas en presencia de una inflación de costos.

La principal conclusión que se puede extraer de este ejemplo real de política de rentas es que la inflación tiene un fuerte componente de expectativas. De nuevo la "injerencia" de la psicología en la economía. Pasa igual como en las cotizaciones de los mercados financieros y bursátiles, los precios no van a subir, pero si la gente cree que van a subir, eso mismo los hará subir. De la misma forma pasa en sentido contrario, la inflación bajará automáticamente si los agentes económicos quiebran sus expectativas alcistas, igual como acabamos de ver que ocurrió en España en 1977.

Capítulo VII

Análisis De
La Coyuntura
E Información
Económica

Este capítulo es la culminación de todo este curso de economía. Ya podemos aprovechar todos los conocimientos adquiridos para interpretar mejor la información económica, e incluso para leer y entender aceptablemente cualquier informe económico.

Además, este capítulo sobre el análisis de la coyuntura económica representa la parte más práctica de todo el libro, puesto que, en el ejercicio de cualquier profesión, el uso más común que se suele dar a los conocimientos económicos es precisamente el análisis de la coyuntura.

En consecuencia, vamos a darle un enfoque eminentemente práctico, ofreciendo también algunas pautas para el acceso a la información económica, tanto de informes y previsiones como de estadísticas.

El análisis de la coyuntura

Las mediciones de la economía más habituales, eliminando las grandes investigaciones académicas, los modelos econométricos solo aptos para los especialistas, y que las hemos visto a lo largo de este libro son:

- Tenemos en primer lugar el PBI, que nos mide la actividad económica.
- La economía resumida, que sería el cuadro macroeconómico, teniendo que dominarla y saber interpretarla.
- Tendríamos la medición exterior, fundamentalmente a través de la balanza de pagos.
- La medición de la inflación, a través de los distintos índices de precios que hemos visto.
- La medición de la distribución de la renta, a través de los índices de Gini, los quintiles, los distintos indicadores

de pobreza que nos miden la distribución y la inequidad en una economía.

• La medición de la coyuntura, es decir, los indicadores económicos, de diversa índole que hemos visto.

• La medición monetaria.

• Y la medición de otros aspectos que hay que medir, como son los tipos de cambio, la prima de riesgo, entre otros.

Todo esto es algo que nosotros ya deberíamos tener soltura. Lo importante no es observar la medición de cada uno de los aspectos por separado, sino encontrar la interrelación de cada

una de las mediciones sobre el conjunto de la economía para poder definir la situación de la coyuntura económica, es decir, si sube el tipo de interés hay que ver qué efectos va a tener sobre la política monetaria, sobre los límites de precios, sobre la balanza de pagos y sobre el tipo de crecimiento de la economía, principalmente.

Para ello, es muy conveniente ayudarse de los informes económicos. Por lo tanto, será bueno familiarizarse con los dos o tres más importantes sobre la economía del país de residencia o el que desee analizar.

En cuanto a las estadísticas económicas también es necesario familiarizarse con ellas, y es siempre conveniente acudir a las fuentes primarias, a las que establecen inicialmente la información. Por ejemplo, si queremos ver la evolución del desempleo de México es mejor acudir al Instituto Nacional de Estadística y Geografía e Informática – INEGI, o si se desea ver la evolución del PBI trimestral de España, es mejor acudir al Instituto Nacional de Estadística - INE directamente, que andar rebuscando por la prensa o por informes derivados secundarios de bancos comerciales, entre otros.

Los indicadores económicos

Los indicadores económicos son valores estadísticos que indican el comportamiento de determinadas variables económicas. Normalmente se usan para medir variables y compararlas a lo largo del tiempo.

A veces se utilizan de forma indirecta puesto que todavía no existen, a efectos coyunturales, estadísticas de ocurrencia en el corto plazo, por ejemplo, para medir la actividad industrial es conveniente utilizar indicadores indirectos, como el consumo de energía eléctrica no residencial, cuya disponibilidad es inmediata al final de mes.

Para ver la evolución temporal, es importante prevenirse sobre los datos originales, los llamados datos brutos, pues el dato original nos oculta, normalmente, gran parte de la información relevante, por ejemplo, si analizamos los datos de ventas de los helados en México en los meses de agosto, septiembre y octubre, cualquier observador podría deducir que las ventas se están hundiendo o es un mercado que está desapareciendo, es decir, la información bruta no da la información. Será necesario extraerla mediante la transformación de los datos, para ello, se buscan los datos corregidos o datos transformados, como habitualmente hacen los organismos estadísticos de cada país.

Por lo tanto, los datos se transforman descomponiendo la serie original en cuatro componentes, tendencia, ciclo estacionalidad y un componente residual o irregular, que también se llama ruido, por ejemplo, componente irregular podría ser el efecto calendario, por el hecho de que el número de días de cada mes es variable, el efecto semana santa, que cambia de un mes a otro según los años, el efecto intervención, cuando hay un cambio fiscal normativo, efectos exógenos como una huelga, y el efecto temperatura, donde es muy relevante en algunas series, por ejemplo, el consumo de electricidad según los meses del año, tanto por frío como por calor.

Hay que pensar que siempre la actualidad económica está estadísticamente en sombra, pues hay un desfase importante e inevitable, desde el momento en que se produce un suceso económico hasta que se publica la estadística que lo refleja. Por ello es conveniente acudir a las investigaciones sobre la opinión de los agentes que están influyendo en ese momento en el curso actual de los acontecimientos económicos como los consumidores, los inversores, los trabajadores, los ahorradores, los empresarios, entre otros, y que, precisamente, tienen un conocimiento directo de la realidad actual, que posteriormente aparecerá en las estadísticas. Esos son precisamente los indicadores de opinión, también llamados de confianza o de percepción.

Actividades recomendadas.

Puede ser sumamente instructivo, como ejercicio académico en estos momentos del libro, leer un informe económico a elegir, entre los recomendados pueden ser los informes de los Bancos de Reservas de sus países natales, del Fondo Monetario Internacional, Banco Mundial, entre otros.

Otra sugerencia práctica es elaborar un cuadro de mando individualizado, con una selección de indicadores económicos adaptados al entorno económico de su propio negocio, pudiendo ser de utilidad también para el futuro. Cada uno en su negocio tiene necesidad de controlar periódicamente una serie de indicadores propios. Hay negocios que tienen mucho que ver con el contenido de energía, del crudo, del tipo de cambio, otros son más sensibles a aspectos relacionados con el consumo, etc.

Capítulo VIII

Una Reflexión Sobre El Dinero Y La Toma De Deciciones.

El dinero

Te invito a detenerte por un momento y mirar a tu alrededor, ¿qué ves?, quizá dos individuos realizando una transacción por la venta de un pantalón, anuncios promocionando el celular del momento, personas apresuradas por llegar a tiempo a su trabajo, o tal vez debates acalorados acerca de la sostenibilidad de la seguridad social. En el mundo actual parece que todo gira en torno a una sola cosa, el dinero.

La definición formal del dinero, como ya lo hemos visto, lo coloca como el medio de pago aceptado por los agentes económicos para el intercambio de bienes y servicios, pero la realidad es que el dinero, apuntando al fondo por encima de la forma, es más que eso. Para algunos es compañía, para otros es salud, para unos es felicidad, para otros aturdimientos, para unos es calma, para otros es estrés, para unos es bien, para otros mal.

Es común escuchar hablar que el dinero no es tan importante y, cuando oigo esta afirmación, la verdad es que no entiendo muy bien a qué se refiere la gente ¿querrán decir que el dinero no es en absoluto relevante para vivir? o quizá, ¿querrán decir que el dinero no es tan importante como otras cosas?

El rasgo diferenciador del humano con respecto a otras especies del reino animal es su capacidad para crear relatos ficticios y hacer que todo el mundo se las crea. Esto es posible gracias a un complejo sistema de comunicación y creencias mediante el cual es posible cautivar, persuadir e inspirar a las personas de nuestro alrededor. Las historias a las que me refiero abarcan un gran espectro de campos del saber; religiones como el budismo, el islamismo o el cristianismo; sistemas políticos como la oligarquía, el totalitarismo, la democracia; sistemas económicos como el feudalismo, el comunismo o el capitalismo; todas son historias.

Es más, algunas de estas han llegado a ser sumamente influyentes que marcaron el devenir de civilizaciones enteras, pero, hay un pequeño problema, no todo el mundo cree siempre en las mismas historias. Si algo ha demostrado el correr del tiempo, es que la confianza unánime en una constitución, una doctrina, incluso en un hecho científico probado por muy verídico que sea, es puramente quebrantable ante los ojos de los demás. Hay personas que, al día de hoy, creen que la tierra es plana, y eso es muy respetable; sin embargo, existe una historia que absolutamente todo el mundo se ha creído, un relato capaz de unificar a un campesino judío – cristiano o a un obrero proletario; esa historia es el dinero.

La diferencia de todos los discursos que se han narrado hasta la fecha, el dinero es aceptado y utilizado sin importar la etnia, cultura o sexualidad, lo más interesante de todo, es que no deja de ser por su naturaleza y radical composición una simple historia. La gente no quiere dinero, sino lo que el dinero representa. Te recuerdo que monedas como el dólar, el euro o el yen, son medios de pago que se basan en la confianza, lo cual significa que yo querré disponer de esas monedas en tanto sepa que puedo efectuar transacciones con ellas, caso contrario, de qué nos serviría un trozo de metal.

El valor de un billete de color verde no es el valor del trozo de papel en sí; este billete vale, por ejemplo, veinte dólares, porque cada uno de nosotros "creemos" que tiene ese valor. Es el hecho de que compartamos la misma realidad intersubjetiva lo que construye el sistema que conocemos. El dinero es tan solo una historia como cualquier otra; por lo tanto, la pregunta es ¿por qué el ser humano se ha visto la necesidad de creer esa historia?

Hasta este momento, tal vez te estés diciendo:

"Si el dinero no es fundamental, ¿por qué lo sigo necesitando? por mucha vuelta que se le dé al concepto, mi realidad no

cambia, ya que con él pago mis facturas, mis alimentos, mis antojos".

Es preciso aclarar que no he mencionado que tu misión a partir de ahora tenga que ser salir a la calle con una pancarta para despertar a la gente de esta mentira hegemónica; es más, te recomiendo que no lo hagas. A pesar de que muchos de nosotros somos soñadores por naturaleza, nos conviene adaptarnos al sistema vigente al menos por el momento.

Ahora, de seguro te estarás diciendo:

"No concuerdo con lo mencionado, yo no quiero ser un esclavo de nadie".

Cuidado, adaptarte al sistema no quiere decir rendirse o servir al sistema. Parece ser que la única preocupación de la mayoría de las personas es, o bien amasar cantidades gigantescas de dinero, o bien desatender esta área como si de algo superfluo se tratara. Y no me malinterpretes, ninguna de las dos cosas tiene algo de malo, siempre y cuando se hagan por los motivos correctos, motivos que yo no soy capaz de rebelarte, sino que tienes que ser tú quien los descubra conociéndote a ti mismo. Lo que sí me atrevo a decir es que, en la mayoría de las situaciones, tanto la afirmación de, "el dinero no da la felicidad" como "el dinero sí da la felicidad", son increíblemente engañosas, ni blanco ni negro; ¿te has puesto a pensar que hay opciones y alternativas?

Cada ser humano dispone de preferencias completamente diferentes, por lo que realizar un testamento universal del estilo "el dinero si da o no da la felicidad", es generalizar al extremo, y cabe la posibilidad de que en tu caso particular estés en lo correcto. No obstante, debes entender que tu vida no es, ni tiene que ser, igual a la de los demás; por lo tanto, creo conveniente analizar ambos extremos para llegar una respuesta coherente.

La pobreza, ¿afecta negativamente a la salud?

Existen ejemplos asombrosos y cautivadores de diversas tribus completamente aisladas del mundo contemporáneo que nos demuestran que el dinero es, en realidad, cien por ciento prescindible, excepto por un ligero detalle, este dato es poco representativo. Si bien es cierto que hay tribus asombrosamente felices cuyo patrimonio es inexistente; sin embargo, ¿te has puesto a pensar acerca de la proporción de tribus felices con respecto a tribus infelices?, aquí el asunto cambia por completo debido a que los medios de comunicación tradicionales han pretendido enseñarnos que el dinero no lo es todo acudiendo a este tipo de colectivos para justificarse, cuando la realidad de la mayoría de las tribus existentes poco difiere respceto al de un habitante promedio del siglo actual, como el hambre, escasez de agua y enfermedad, que conducen en última instancia a un estado deplorable. Para entender mejor este principio estadístico te describiré el siguiente estudio:

La psicóloga e investigadora Linda Gallo demostró en una de sus investigaciones que la diferencia del "estrés" entre los hogares con menos y más ingresos es elevada y que la correlación entre las variables estrés y pobreza alcanza el 65%.

Pero no nos adelantemos a acontecimientos todavía; el hecho de que dos variables estén correlacionadas no significa que la primera cause la segunda y viceversa, tampoco significa que la primera no cause a la segunda y viceversa; dicho esto, se ha averiguado que a escala global la pobreza es causa del estrés.

Es preciso indicar que, la pobreza, como ya te estarás imaginando, no es causa única del estrés, sino una de sus posibles causas entre las muchas que hay, por ende, no podemos estar hablando de una relación de causalidad unánime del estilo "si eres pobre entonces tendrás estrés". Sin embargo, lo que sí podemos decir atendiendo a los datos estadísticos con muestras de un tamaño muy considerable es "si un individuo que ha sido seleccionado aleatoriamente es pobre entonces es más probable que sufra estrés". Entonces, ¿a qué se debe esto exactamente?

Según una encuesta llevada a cabo por la Asociación Americana de Psicología, el estrés malo o distrés, afecta negativamente a la salud contribuyendo al desarrollo de enfermedades coronarias, respiratorias o diabetes. En última instancia, los factores explicativos que refuerzan dicho fenómeno correlativo y causal son la exposición a barrios con vida precaria y sin contenido nutricional o trabajos en los que uno carece de control en la toma de decisiones. Dicha falta de recursos, tanto físicos como emocionales, con los que satisfacer las necesidades más básicas coloca al individuo en un estado de alarma constante que propicia un aumento del cortisol, la hormona del estrés, ya que este mecanismo tiene por objeto preservar la supervivencia. Todo lo expuesto anteriormente, crea un efecto "bola de nieve" propiciado por un entorno igual o más estresado en el que las personas que lo habitan se contagian emocionalmente las unas a las otras.

En definitiva, dejar a un lado tus responsabilidades económicas y financieras quizás no sea la mejor idea desde un punto de vista utilitarista. Ante lo descrito, seguro estás pensando:

"Conozco personas que no ganan tanto dinero y viven más tranquilas".

Eso es correcto, yo no estoy diciendo lo contrario, en esta vida te vas a tocar con ricos felices, ricos infelices, pobres infelices y pobres felices; en definitiva, todo tipo de personas.

Pero ¿qué significa realmente que tú hayas encontrado una persona a la cual el dinero no le haya hecho falta para ser feliz? o ¿qué implica que tú hayas encontrado una persona a la cual el dinero le ha hecho muy feliz? la respuesta es que "no implica nada". Eso no justifica que el dinero no de la felicidad, es más, lo más improbable es que no te hayas encontrado ya con al menos una persona de cada tipo. El estudio no pretende decir que ser rico te vaya a liberar o que ser pobre te vaya a estresar, tampoco pretende decir que ser estresado te vaya a empobrecer o que estar tranquilo te vaya a enriquecer, ni tampoco implica que el dinero no tenga nada que ver con el estrés.

Puede ser que, en tu caso particular, esta relación entre pobreza y malestar se cumpla y puede que no. Lo que quiero que entiendas es que a nivel global y acudiendo a la probabilidad frecuentista, las dos conclusiones que podemos sacar son las siguientes:

>1. Si un individuo seleccionado aleatoriamente es pobre, entonces es más probable que sufra de estrés.

>2. Es mucho más probable que un individuo seleccionado aleatoriamente esté estresado por ser pobre que por ser rico.

Esto ya nos da ciertos indicios, y repito, el estrés no es explicado únicamente por la pobreza, pero la pobreza contribuye al estrés en gran medida. Por este motivo, no podemos generalizar "el dinero no da la felicidad" a todas y cada una de las personas. La pobreza o en su defecto, la ausencia de riqueza es procesada por cada individuo de forma diferente, precisamente porque cada uno tiene preferencias, circunstancias y experiencias diferentes.

La riqueza ¿es tu salvación perpetua?

Entonces, ¿el dinero da o no la felicidad? Como te he comentado antes, ambas interrogantes son verdades relativas, cada una tiene un componente de verdad en cuanto se amoldara a situaciones completamente diferentes. Para que veas a lo que me refiero, vamos a recapitular al párrafo que describí anteriormente:

"Por este motivo, no podemos generalizar "el dinero sí da la felicidad" a todas y cada una de las personas. La riqueza o, en su defecto, la ausencia de pobreza es procesada por cada individuo de forma diferente, precisamente porque cada uno tiene preferencias, circunstancias y experiencias diferentes". Ahora sabemos que la respuesta se encuentra en un término medio entre el sí y el no.

Hemos reflexionado acerca de dos respuestas que podrían encajar contigo, el dinero da la felicidad hasta cierto punto y el dinero da la felicidad dependiendo de su método de obtención. Hablemos con más detalle de cada una de ellas.

El dinero da la felicidad hasta cierto punto: Es posible que necesites dinero para vivir en una sociedad contemporánea, de hecho, confirmo la hipótesis: "necesitas dinero"; pero ¿de qué cantidad estamos hablando exactamente?

Yo no soy quien para indicarte qué cosas necesitas y qué cosas no necesitas, sin embargo, lo que sí te puedo afirmar con toda seguridad, es que necesitas muchas menos cosas de las que piensas en un principio; pero no me malentiendas, no estoy alentando que las personas se tengan que conformar con lo que ya tienen porque es de por sí suficiente. Aunque la gratitud es una cualidad que traerá paz a tu vida, eso no significa que uno no pueda llevar a cabo sus proyectos vitales para llegar al nivel óptimo de recursos que satisfacen sus necesidades. Para entenderlo mejor, el siguiente gráfico te puede ser de gran ayuda.

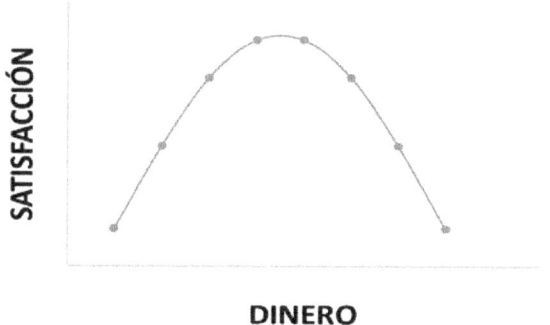

La pregunta más astuta que uno debe plantearse es: "teniendo en cuenta mi situación, ¿qué cantidad de dinero maximiza tu satisfacción?", en otras palabras, conociéndote en profundidad, ¿qué cantidad de ingresos te permitirá alcanzar el máximo bienestar posible? La mayoría de las personas responderán que cuanto más dinero mejor, y tienen razón, pero entonces ¿por qué la curva de la relación de dinero - felicidad tiene forma de campana? Pues la respuesta es porque conseguir dinero no es gratis.

Ganar dinero tiene un costo asociado, el tiempo, en otras palabras, ¿merece la pena todo el esfuerzo que estás empleando para obtener cierta cantidad de ingresos con el fin de satisfacer unas necesidades determinadas? Llegarás a un punto en el que más ingresos no significará más satisfacción vital, sino menos. A pesar de que tienes más dinero en términos absolutos, el tiempo que has empleado en obtenerlo tiene un valor superior para ti, por eso decimos que ese punto óptimo de ingresos es diferente para cada persona. Revisemos el siguiente ejemplo para entenderlo mejor:

A la mayoría de las personas nos gustaría tener una laptop de cuatro mil dólares en lugar de una de mil, o tener 30 pares de zapatos en lugar de 10, pero con lo que te cuesta a ti ganar el dinero, ¿te compensa comprarte una laptop de última generación?, ¿te compensa renovar la mitad de tu armario cada tres meses?, ¿te compensa ir a cenar los viernes, sábado y domingo en restaurantes caros?, si te compensa, entonces está muy bien, no hay problema, pero que no te compense, igual tenemos un problema. Eso sí, debes tener en cuenta que cuantas más cosas necesites, más dependiente te haces de tu fuente de ingresos, y el comentario común que escucho sobre esto es *"pues a mí me compensa darme algunas vacaciones todos los meses"*, muy bien, pero ¿has tenido en cuenta la probabilidad de perder tu trabajo o de quedarte sin ingresos para calcular la esperanza matemática de tu satisfacción? No es tan sencillo como parece. Satisfacción no es gratificación instantánea, te tiene que compensar tanto ahora como en el futuro. Lo que quiero transmitirte es que cada uno tiene sus propias necesidades y fuentes de ingresos, lo cual conecta automáticamente con el segundo punto.

El dinero da la felicidad dependiendo de su método de obtención: Ya sabes que más dinero no equivale necesariamente a más satisfacción vital. No obstante, ¿qué sucedería si el tiempo que inviertes trabajando no te quitara satisfacción, sino que te provocara satisfacción? es más, ¿qué sucedería si ni siquiera tuvieras que invertir tiempo para conseguir ingresos?, aquí la situación cambia por completo. Recuerda, para saber en qué te compensa más trabajar, lo importante es tomar la decisión en función a tu coyuntura.

No solo estamos hablando de averiguar qué cantidad de dinero le compensa más a una persona para satisfacer sus necesidades reales, sino la actividad profesional que da pie a que el proceso que posibilita esa remuneración sea lo más gratificante posible, queriendo decir que no solo importa cuánto consigues sino cómo lo consigues.

Es preocupante ver a tanta gente desempeñando una labor que repudian, solamente para comprar cosas que no necesitan, impresionar a gente que no dan nada por ellos. Me apena saber que hay gente que con suficiente esfuerzo y dedicación podrían dedicarse a lo que más les gusta, a lo que mejor se les da para aportar valor al mundo y para maximizar su satisfacción, pero por creer que necesitan cosas que no necesitan se ven rezagados a que un empleo les infrautilice. Un trabajo que consideras estresante, deprimente y agotador está muy lejos de maximizar tu satisfacción, incluso para el que sabe perfectamente qué cantidad necesita para satisfacer sus necesidades particulares.

De nuevo, el problema no es que estés haciendo un uso irresponsable del dinero, sino que no te has parado a pensar que hay infinitas maneras de obtenerlo, y eres tú quien sabe qué manera de ganarte la vida te llena más; quizás sea convertirte en un nómada digital viajando por el mundo, quizás sea tener un trabajo normal y corriente de ocho horas diarias, quizás sea emprender un negocio y expandirlo poco a poco por tu país, quizás sea doctorarte para ser profesor e investigar una materia concreta o quizás sea colaborar con una ONG en un país que requiera ayuda humanitaria.

En la vida hay sueños frustrados y proyectos que salen mal, pero como dice Ralph Waldo Emerson: "abandonar puede tener justificación, abandonarse no la tiene jamás". Una cosa es que fracases sin la consecución de un objetivo y otra muy distinta es que no sepas encajar ese fracaso y te resignes a él y, como consecuencia, los objetivos de tu vida no sean tus propios objetivos, sino los de otra persona; y si tú has decidido que otra persona marque tus objetivos, entonces la cuestión es que tus objetivos nazcan de ti, nazcan de una conciencia sana, limpia y deliberada.

El edén materialista del que estamos rodeados nos ha hecho perder la noción de lo que realmente valen las cosas. El valor no es únicamente un término atribuible a un objeto, también se la adjunta a una experiencia o una persona y no me refiero al valor como sinónimo de precio o valor de mercado; que una cosa valga en el mercado no significa necesariamente que tenga que valer para ti y viceversa, si no tienes claras tus prioridades atendiendo el concepto subjetivo de valor entonces has perdido el juego del dinero. ¿Cómo pretendes que un medio de cambio cuya única finalidad es canalizar el acceso a ciertas necesidades te pueda satisfacer, si ni siquiera tú sabes qué necesidades te satisfacen?, por ende, el dinero no debe ser entendido como una salvación milagrosa, remedio divino o elixir impasible que eliminará todos tus problemas al instante; si fuera así de fácil, esos datos ya estarían recogidos por los estudios psicométricos de las mejores universidades del mundo.

La cuestión de raíz que marca la diferencia con respecto a la felicidad no es cuánto dinero ganas, sino saber cuánto necesitas para vivir y cómo ganas ese dinero. En mi opinión, el dinero ha de ser concebido como una ventana de oportunidad, un medio que posibilita el acceso, el paso, la entrada a ciertas situaciones mediante las cuales podemos colocarnos en un estado fisiológico, emocional y social mucho más favorable. Irónicamente, tanto un uso indebido por no saber qué cosas necesitas y cuáles no, como una vía de obtención que amargue la vida de su beneficiario, son impedimentos para alcanzar ese mismo estado fisiológico, emocional y social óptimo que perseguimos.

En cualquier caso, el dinero no es, bajo ninguna circunstancia, motivo suficiente para satisfacer todos y cada uno de nuestros anhelos, tan solo es un medio que posibilita la satisfacción si se consigue y se usa bien, pero jamás un fin en sí mismo, porque el dinero en sí nada es. ¿Hasta qué punto el valor de las cosas es superior al valor de nuestras vidas? y más importante aún, ¿sacrificar nuestras vidas solo por conseguir cosas valiosas nos hacen más valiosos a nosotros?

No existe una solución objetiva ante tal problemática, cada uno de nosotros es quien debe dar una respuesta. Una vez ofrezcas una respuesta coherente con tus creencias, principios y valores, entonces el dinero tendrá sentido en tu vida. Si tuviera que resumir el contenido de este capítulo en una sola frase lo describiría de esta manera: "hay cosas que el dinero puede comprar, cosas que tú debes conseguir y cosas que el dinero permite que tú puedas conseguir". La inteligencia financiera en su máximo esplendor es distinguir qué cosa pertenece a cada categoría. Y tú, estimado lector, ¿lo tienes claro ya?

Costo de Oportunidad.

La calidad de tu vida se basa en la calidad de tus decisiones. Te invito a reflexionar en esto y ser sincero contigo mismo, no puedes mentirte. ¿Dónde estarías ahora si te hubieras puesto a trabajar todos los días?, ¿dónde estarías ahora si te hubieras desecho de las excusas?, ¿dónde estarías ahora si te hubieras entregado en cuerpo y alma?, ¿dónde estarías ahora si te tuvieras tomado en serio tu vida? Si me dejas explicarte, serás capaz de responder al final de este capítulo.

Por lo general, las personas tomamos decisiones optando por aquella opción que nosotros percibamos como más rentable, no obstante, la percepción humana puede estar sesgada por un manto emocional que todo lo distorsiona, es entonces ahí donde comienza los problemas. El costo de oportunidad está vinculado en aquello a lo que un agente económico renuncia al tomar una decisión, en otras palabras, representa la pérdida de valor asociada a la elección de una alternativa con respecto a otra.

Quiero hacerte una pregunta, ¿cuánto gastas cada vez que quedas con tus amigos para salir de fiesta o para ir a ese selecto restaurante? Imaginemos que la cifra es de 25 dólares, por lo tanto, interioriza lo siguiente, el costo de oportunidad no es solo la cantidad de dinero que pierdes por no haberlo ahorrado, sino la pérdida de ganancia potencial que podrías haber generado utilizando ese dinero".

Supongamos que tus sueños es ser el próximo Bill Ackman o Yohan Blake, podrías haberte comprado dos libros de finanzas que fomenten tu productividad y aumente la rentabilidad de tu cartera en un futuro, o esa camiseta térmica que permite que salgas a correr en los días más fríos del año para mejorar significativamente tus niveles de energía y salud. Pero cuidado, recuerdas lo que he mencionado antes, solo por 25 dólares a la semana ¿qué te estás perdiendo realmente?, y la respuesta es una pérdida total de 1,200 dólares al año, más la esperanza matemática de los distintos escenarios del rendimiento que ese dinero podría haber generado.

En efecto, el verdadero costo de oportunidad no equivale únicamente al valor intrínseco de los manuales de finanzas o la prenda deportiva a la que renunciaste anteriormente, sino a una estimación realista de lo que esos productos te podrían haber aportado, por eso, las preguntas que he formulado al principio de este capítulo dan un tanto de temor, uno no se hace la más mínima idea de lo que podría haber logrado.

Invertir en productos financieros, cursos, libros, seminarios y herramientas de trabajo, no es gastar dinero, es invertir dinero; es decir, cuando se invierte en uno mismo, nuestro valor actual neto como capital humano se aprecia por su mayor capacidad de generación de beneficios. Esta es la idea esencial con la que quiero que te quedes, no se trata únicamente de lo que pierdes sino en lo que dejas de ganar.

Entonces, ¿eso significa que ya no se pueda salir a cenar con mis amigos o tomar unas vacaciones? En absoluto, si llevas laborando durante mucho tiempo sin parar, es posible que el valor agregado de una hora extra de trabajo sea muy inferior al de salir un rato a despejarte para recargar energías. El costo de oportunidad no recoge únicamente las métricas económicas, también tiene en cuenta la estimación emocional y social. Si tomar decisiones importantes se redujera a cuantificar cada alternativa en dólares y seleccionar la más rentable se trataría de una tarea muy sencilla, pero no lo es, es lo más difícil de la vida.

No te dejes influenciar por nadie, la cuestión es conocerse uno mismo. ¿Estás dispuesto a trabajar por cuenta propia?, si tu respuesta es no, entonces no hay problema, trabaja para otro, ¿estás dispuesto adoptar hábitos saludables? si tu respuesta es no, tampoco hay problema, permanece sentado, ¿estás dispuesto a esforzarte más? Si nuevamente es un no, sin problema, confórmate con lo que hay, simplemente, ten en cuenta cuál es el margen de costo-beneficio de lo que elijas.

En tanto, no es ninguna broma o referencia satírica, lo digo totalmente en serio; si cada una de las personas evaluara el bienestar y la inteligencia bajo fortalezas completamente distintas, no tiene sentido calificar de antemano y sin conocimiento de causa las decisiones individuales de las personas. Es un tema mucho más complejo de lo que parece a primera vista; sin embargo, creo firmemente que hay personas con más "criterio" a la hora de tomar decisiones, las que mejor se conocen a ellas mismas, evalúan bajo el manto de la probabilidad y utilizan la evidencia empírica para actuar sin miedo, aunque gran parte del público, yo incluido, velamos por la mejora constante incremental. Eso no quiere decir que dicha filosofía esté diseñada para todo el mundo, aquí la batalla no la gana el más rico o famoso, sino el más feliz.

Hay una viñeta muy famosa que ilustra una escena cotidiana en un vagón, donde diversos viajeros, entre empresarios, camareros, profesores, estudiantes, jubilados y médicos, se hallan absortos en sus propios pensamientos, ¿sabes cuáles eran los pensamientos que salían de todas las cabezas del tren?, "no entiendo por qué todo el mundo es tan ignorante".

¿Por qué no reforman el sistema educativo?, ¿por qué las personas no cuidan su organismo?, ¿por qué la gente no lee con más frecuencia?, ¿por qué las pensiones son cada vez más bajas?, ¿por qué los clientes no son un poco más amables?, ¿por qué nadie tiene ambición para crear negocios?, y la respuesta es que, cada uno tiene una concepción de valor totalmente distinta. La única razón por la que la economía es todavía una ciencia social es porque no se han conseguido cuantificar las preferencias individuales bajo una medida universal.

El costo de oportunidad como concepto global que constituye una herramienta en la toma de decisiones es completamente subjetivo y volátil, por ende, dos personas pueden tomar, consciente o inconscientemente, decisiones diametralmente opuestas, pero eso no significa que ambos se hayan equivocado. Un ex obeso mórbido que optó por cambiar sus hábitos al perder a su padre por las complicaciones que esta misma enfermedad le ocasionó, no atribuirá el mismo costo emocional a la obesidad de un niño de nueve años que todavía no ha tenido problemas derivados por su sobrepeso, o un magnate que ha abierto 20 negocios no tendrá tanto miedo a abrir otro más como un novato que se lanza a la piscina del emprendimiento por primera vez, ya que son vidas diferentes, experiencias diferentes, personalidades diferentes, sensaciones diferentes, prioridades diferentes y decisiones diferentes.

Probablemente, tu vara de medir sea un tanto peculiar, eres ambicioso, diligente, trabajador, resiliente, inconformista, diferente, mientras la mayoría pretende encajar más en lo común de las masas, no hay nada que te desdeñe tanto como tener una vida normal, no porque consideres que el resto de las personas sean inferiores, sino porque su identidad no representa tus valores y principios.

Eres libre de actuar como desees, eso sí, luego tendrás que asumir el costo de oportunidad de tus resoluciones; te gusta comer sin preocupaciones, perfecto, pero después no te lamentes por no tener una forma física saludable, te gusta trasnocharte y emborracharte cada fin de semana, fantástico, pero después tendrás que asumir tus deficiencias energéticas, te gusta el placer que evoca el humo del tabaco, de acuerdo, pero deberás asumir después las consecuencias cuando surjan complicaciones cardiorrespiratorias, te gusta comprarte atuendos que no puedes permitirte, sin problema, pero después no maldigas al egoísta de tu jefe por no subirte el sueldo, te gusta ver series, telenovelas o películas a diario, genial, pero después no vayas echando la culpa al mercado de que tu negocio no prolifere, te gusta echarle muchas horas a la televisión al volver del trabajo, muy bien, pero después no esperes una subida de nivel en la vida real. Elige una opción y asume las consecuencias, así de simple.

Pero no me malinterpretes, no trato de juzgar explícitamente a la gente que incurre en todos estos hábitos, pues muchos de ellos se sitúan en unos niveles decentes de satisfacción. Tal vez me dirás *"yo trabajo mis ocho horas diarias y luego paso el resto del tiempo haciendo lo que me apetece, soy feliz, ¿porque habría de cambiar?"*, y mi respuesta es que no tienes que cambiar, si ese es tu caso, reitero la idea esencial, tú eliges, haz con tu vida lo que mejor te parezca, pero asume las consecuencias.

No obstante, si de verdad buscas resultados extraordinarios, mi única pregunta es ¿cuál es tu renuncia? Si alguien alguna vez te dijo que las cosas grandes se consiguen sin pagar un elevado precio, caben dos escenarios, o esa persona no tiene ni idea o te está intentando timar para aprovecharse de ti.

Consumir nunca ha sido tan sencillo en plena era digital, producir encierra un grado de complejidad superior; de hecho, este es el motivo por el que tan pocos logran alcanzar la victoria. El camino del hacedor se resume en lo siguiente: "ten cero expectativas y trabaja para conseguirlas todas", ¿es eso realmente posible?, desde luego que sí, pero solo si llevas la pasión como bandera y te conviertes en un maestro de la introspección.

El costo de oportunidad de ser emprendedor es altísimo, deberás de renunciar a la ropa de marca, los viajes exóticos, las borracheras del fin de semana, a las series de televisión e incluso debes dejar de lado tu vida sentimental durante ciertos periodos de tiempo; aunque los más astutos siempre acaban escarbando tiempo de donde no existe. Lo más tétrico de todo, ni siquiera tienes garantías de que el éxito se presente, es una batalla mental contra el miedo, la pereza, la frustración, la incertidumbre y el qué dirán, un juego que presenta riesgos.

Hay quienes se hunden en un pozo de locura, pierden la fe en sí mismos y se obsesionan tanto que renuncian a su propio bienestar. Aun así, escogí este camino, porque el valor presente actualizado, tanto emocional como social y económico es muy superior al de tener una vida corriente. Quizás para ti no lo sea y es completamente respetable. Si has tomado la decisión en base a tus propios criterios y no a lo que tus padres, amigos y conocidos te hayan ordenado, entonces todo es correcto, no estás equivocado. Y quiero remarcar que la clave está en la adaptación, por ejemplo, yo no he dejado de ver series, sino que ahora lo hago en otro idioma, inglés, por ejemplo, para asumir más competencias; siempre y cuando me lo haya ganado, no estaría mal despejarse una noche de amigos o haciendo una comida trampa. La idea principal es que tengas en cuenta que, decir SÍ a algo o a alguien, significa decir NO a otra cosa.

Me gustaría terminar la reflexión con una pequeña historia: Una vez escuché a dos mujeres jóvenes hablar en un restaurante acerca de la determinación y la disciplina. Una de ellas le dijo a su amiga: "mi gran sueño es escribir un libro de recetas y vender miles de copias por todo el país", la otra le contestó: "Qué bien. Me gusta la idea y, ¿cuál será el precio?", a lo que respondió: "bueno, los libros de recetas suelen rondar en torno a 25 dólares", lo que a continuación, la otra amiga soltó una respuesta que me dejó atónito: "no me has entendido bien, quería saber, ¿cuál es el precio de tus sueños?

Lógicamente, me quedé impactado por la respuesta. ¿Qué estás dispuesto a dar para llegar a lo que más deseas?, esto estimado lector, es el costo de oportunidad. A que está uno dispuesto a renunciar por tomar una decisión. Nada es gratis y mucho menos lo valioso. Y para ti, ¿qué es lo que realmente vale?

Palabras finales del autor.

Haber terminado los 8 capítulos de este libro no significa que hayamos llegado al final de nuestro interés por la economía. Cualquiera que sea tu profesión y tu puesto de trabajo en el futuro, estarás de acuerdo en que la necesidad de los conocimientos de economía nos tienen que acompañar a lo largo de toda nuestra vida profesional y personal porque siempre tendremos necesidad de interpretar los escenarios económicos que nos tocan vivir. Te invito, por tanto, a una formación permanente sobre estos temas y espero que los temas descritos hayan contribuido a fomentar este interés por la economía para el futuro.

Bibliografía

Alesina, Alberto, Nouriel Roubini, y Gerald D. Cohen (1997), Political Cycles and the Macroeconomy, Cambridge, MA: MIT Press.

Blomberg, S. Brock, Jeffrey Frieden, y Ernesto Stein (2005), "Sustaining fixed rates: The political economy of currency pegs in Latin America", Journal of Applied Economics 7: 203-225.

Cukierman, Alex, y Allan H. Meltzer (1986) "A positive theory of discretionary policy, the cost of democratic government, and the benefits of a constitution", Economic Inquiry 24: 367-388.

Coremberg, Ariel. y Fransisco Perez, F. (2010). "Fuentes del Crecimiento y Productividad en Europa y América Latina" Ariel Coremberg y Francisco Pérez García, Director of IVIE. FBBVA ed.: autores: Dale Jorgenson, Matilde Mas, Daniel. Heymann, S.Katz y otros.

Coremberg, A. y Wierny, M. (2014): "Nuevos Mitos sin respaldo: Las Nuevas Cuentas Oficiales del PBI año base 2004", blog Foco Económico. Coremberg, Ariel (2014): "Measuring Argentina GDP Growth: Myths And Facts". World Economics Journal, vol15 n1.

Di Tella, Rafael, Robert J. MacCulloch y Andrew J. Oswald (2001), "Preferences over inflation and unemployment: Evidence from surveys of happiness", American Economic Review 91: 335-341.

Downs, Anthony (1957), An Economic Theory of Democracy, Boston, MA: Addison-Wesley Publishing Co.

Friedman, Milton (1953), "The methodology of positive economics", en M. Friedman, Essays in Positive Economics, Chicago: University of Chicago Press.

Heymann, Daniel (2007), "Desarrollos y alternativas: Algunas perspectivas del análisis macroeconómico", en D. Heymann, ed., Progresos en macroeconomía, Buenos Aires: Temas.

Lucas, Robert E. (1973), "Some international evidence on output-inflation tradeoffs", American Economic Review 63, 326-334.

Pérez, Francisco (2007): "Claves del Desarrollo a Largo Plazo de la Economía Española". Fundación BBVA

Rogoff, Kenneth, y Anne Sibert (1988), "Elections and macroeconomic policy cycles", Review of Economic Studies 55: 1-16.

Stein, Ernesto H., y Jorge M. Streb (2004), "Elections and the timing of devaluations", Journal of International Economics 63: 119-145.

Walsh, C. (2003), Monetary Theory and Policy, 2nd Edition, MIT Press

World Bank. (2008): Unleashing Prosperity. Productivity Growth in Eastern Europe and the Former Soviet Union. Asad Alam, Paloma Anós Casero, Faruk Khan, Charles Udomsaph. World Bank.

World Bank (2011): "The Changing Wealth of Nations". Measuring Sustainable Development in the New Millenium. Word Bank

www.ingramcontent.com/pod-product-compliance
Lightning Source LLC
Chambersburg PA
CBHW052352220526
45465CB00003BA/1076